Langenscheidt

Italienisch schnell & leicht

von Alessandra Cavalli-Wordel
und Elisabetta Cavani-Halling

Langenscheidt

Berlin · München · Wien · Zürich · New York

Langenscheidt Italienisch schnell & leicht

von Alessandra Cavalli-Wordel
und Elisabetta Cavani-Halling

Redaktion: Silvana Brusati
Grafik: Kathrin Hälbich, Peter Pleischl
Zeichnungen: Fritz Steingrobe

Umwelthinweis: gedruckt auf chlorfrei gebleichtem Papier

Titel der Originalausgabe: Expresskurs Italienisch,

Druck: Landesverlag Druckservice, Linz
Printed in Austria
www.langenscheidt.de

1. 2. 3. 4. 5. * 08 07 06 05 04

Inhalt

Inhalt

Inhalt

Aussprache

In der folgenden Übersicht sehen Sie links den Buchstaben, dann die Erklärung zur Aussprache und zuletzt die Beispiele. Wenn die Betonung nicht auf die erste Silbe fällt, wird sie durch ’ gekennzeichnet.

Vokale und Vokalverbindungen

a	• offen wie in Gatte: la l**a**na *die Wolle,* la pie’t**à** *das Mitleid*
e	• in betonten Silben und Diphtonge, offen wie in *Fenster:* **e**cco *da* • wenn es unbetont ist, geschlossen wie in *Nebel:* la s**e**’rata *der Abend*
i	• wenn es betont ist, gedehnt wie in *Wiege, Spiel:* il v**i**no *der Wein* • in einsilbigen Wörter und vor mehreren Konsonanten, kurz wie in *Idee:* l**ì** *dort,* il s**i**’gnore *der Herr* • zwischen zwei Vokalen, wie dt. [j]: feb’bra**i**o *Februar*
o	• als betonter Endvokal und in Vokalverbindungen, offen wie in *Wolle:* pe’r**ò** *aber,* il fu**o**co *das Feuer* • wenn unbetont, geschlossen wie in *Sohn:* se’ver**o** *streng*
u	• wie in *Schule*: t**u**tto *alles*
ie, uo	• diese Vokalverbindungen werden auf dem zweiten Vokal betont, der offen auszusprechen ist: **ie**ri *gestern,* n**uo**vo *neu*
au, ei, eu	• jeder Vokal behält seinen Klangcharakter: **eu**ro’peo *europäisch*

Konsonanten und Konsonantenverbindungen

b, d	• im Gegensatz zum Deutschen sehr weich und stimmhaft: il **b**am'bino *das Kind*
f, l, m, n	• ähnlich wie im Deutschen: il **l**atte *die Milch*
p, t	• im Gegensatz zum Deutschen nicht aspiriert: la **p**osta *die Post*
h	• wird im Italienischen nicht gesprochen: l'**h**otel *das Hotel*
c, g	• vor den Vokalen **a**, **o**, **u** und vor **h**, wie das deutsche *k* bzw. *g:* il **c**ane *der Hund* • vor **e** und **i**, wie in *Tschüß* und *Gin:* la **c**ena *das Abendessen*
gl	• ähnlich wie das *l* in *Familie:* il fo**gl**io *das Blatt*
gn	• wie in *Kognak:* giu**gn**o *Juni*
qu	• das **u** ist deutlich als solches zu sprechen: il **qu**adro *das Bild*
r	• mit der Zungenspitze gerollt: la **r**uota *das Rad*
s	• am Wortanfang vor Vokal, vor stimmlosen Konsonanten (**c**, **f**, **p**, **q**, **t**) und nach **l**, **n**, **r**, stimmlos wie in *Hast:* il **s**ole *die Sonne,* la **s**cuola *die Schule,* co**s**tare *kosten,* la cor**s**a *das Rennen* • vor stimmhaften Konsonanten (**b**, **d**, **g**, **l**, **m**, **n**, **r**, **v**) und zwischen Vokalen, stimmhaft wie in *Sonne:* lo **s**baglio *der Fehler,* la ro**s**a *die Rose*
sce, sci	• wie *sch* in schön: la**sci**are *lassen*
v	• wie das deutsche *w:* **v**ero *wahr*
z	• vor einem Vokal und nach **l**, **n**, **r**, stimmlos wie in *Zahn:* la **z**ucca *der Kürbis,* al'**z**are *herheben* • zwischen Vokalen oder vor zwei Vokalen, wie *d* + stimmhaftes *s:* l'a**z**alea *die Azalee,* lo **z**aino *der Rucksack*

Merken Sie sich, dass Doppelkonsonanten im Italienischen auch doppelt gesprochen werden! Die Aussprache scheint auf den ersten Blick schwieriger, als sie es wirklich ist. Aber mit Hilfe der Kassette wird es Ihnen bald gelingen, Italienisch richtig auszusprechen!

Lektion 1

Al villaggio tu

Urlaubsgefühle werden wach, sobald wir das Meer und den Strand erblicken. Wer träumt nicht vom Urlaub in der Sonne, am Meer, natürlich mit dem entsprechenden Komfort?

Viele Italiener verbringen **le vacanze** *den Urlaub* in ihrem Heimatland und die meisten im August, weil praktisch alle Büros in diesem Monat schließen. Kein Wunder, dass alles ausgebucht ist! Die besten Jahreszeiten für einen Besuch Italiens sind auch aus klimatischen Gründen Frühlingsende und Sommeranfang sowie Herbstbeginn. Familie Winkler hat **una villetta** *ein Ferienhaus* in **un villaggio turistico** *einem Feriendorf* im Süden Italiens gemietet. Eine **villetta** ist eigentlich ein Einfamilienhaus mit Garten am Stadtrand oder außerhalb der Stadt, aber auch Ferienhäuser werden so bezeichnet. Sie sind im Gegensatz zu Bungalows zweistöckig und das ideale Mietobjekt für Familien. **Buone vacanze!** *Schönen Urlaub!*

ristico

Al villaggio turistico

Signor Winkler: Buongiorno.
È Lei il signor Martini?
Signor Martini: Sì, sono io.
Signor Winkler: Piacere, Rainer Winkler.
Signor Martini: Ah, piacere!
Benvenuto!
È qui con la famiglia, vero?
Signor Winkler: Sì, sì, siamo tutti qui.
Signor Martini: Bene, venite, Vi faccio vedere la casa. Prego, di qui. Siete qui a Otranto per la prima volta?
Signor Winkler: A Otranto sì, ma in Italia no.
Signor Martini: Ah, bene, bene …

Neue Wörter und Ausdrücke

Süditalien in einem alten Gemälde

al villaggio turistico	im Urlaubs-, Feriendorf
buongiorno	guten Tag
è Lei	sind Sie
il signor Martini	Herr Martini
sì	ja
sono io	(der) bin ich
piacere	angenehm, sehr erfreut
benvenuto, -a	willkommen
è (Lei)	sind Sie
qui	hier
con	mit
la famiglia	die Familie
vero?	*hier:* nicht wahr?
siamo	wir sind
tutti	alle
bene	gut
venite	kommen Sie *(Pl)*
Vi faccio vedere	ich zeige Ihnen
faccio	ich mache
vedere	sehen
la casa	das Haus
prego	bitte
di qui	hier entlang
siete	Sie sind *(Pl)*
a Otranto	in Otranto
per la prima volta	zum ersten Mal
per	für
ma	aber
in Italia	in Italien
no	nein

Otranto, Kathedrale S. Annunziata aus der Normannenzeit

Erklärungen

1 **Buongiorno** bedeutet *Guten Tag* oder *Guten Morgen.* Beim Verabschieden sagen die Italiener **Arrivederci**. Mit **buonasera** grüßen Sie am späten Nachmittag und abends. **Buonanotte** wird erst am späten Abend verwendet. Bei der **Begrüßung** von Bekannten, mit denen sie per Du sind, verwenden sie **Ciao** sowohl zur Begrüßung als auch beim Abschied. Wenn Ihnen jemand vorgestellt wird, erwidern Sie **piacere** und nennen Ihren Namen.

2 Das Verb **essere** *sein* im Präsens lautet:

io sono	*ich bin*
tu sei	*du bist*
lui/lei è	*er/sie ist*
Lei è	*Sie sind*
noi siamo	*wir sind*
voi siete	*ihr seid/Sie sind*
loro sono	*sie sind*

3 Normalerweise werden **io, tu, lui/lei, noi** usw. vor dem Verb nicht gebraucht. Nur wenn im Gespräch Unklarheiten auftreten könnten oder eine Person hervorgehoben werden soll, verwendet man die **Personalpronomen.**

È **Lei** il signor Martini?
Sind Sie Herr Martini?

Sì, sono **io**.
Ja, (der) bin ich.

È qui con la famiglia?
Sind Sie hier mit der Familie?

Si, sono qui con la famiglia.
Ja, ich bin hier mit der Familie.

4 **Lei è** bedeutet im Italienischen sowohl *sie ist* als auch *Sie sind,* wenn man eine Person anspricht, die man siezt. **Voi siete** bedeutet sowohl *ihr seid* als auch *Sie sind,* wenn man mehrere Personen anspricht.

È Lei il signor Martini?
Sind Sie Herr Martini?

Lui è italiano, lei è tedesca.
Er ist Italiener, sie ist Deutsche.

Siete qui per la prima volta?
Seid ihr/sind Sie hier zum ersten Mal?

5 Beachten Sie:

Siete qui per la prima volta?
Sind Sie hier zum ersten Mal?
A Otranto sì, **in** Italia no.
In Otranto ja, in Italien nein.

Dem deutschen *in* bei **Ortsangaben** entspricht im Italienischen **a** vor Städtenamen, **in** bei Staaten und Regionen: **a Roma, a Venezia, a Firenze** *in Rom, in Venedig, in Florenz;* **in Germania, in Francia, in Inghilterra** *in Deutschland, in Frankreich, in England.*

1 L'alfabeto

Buchstabensalat! Hören Sie sich das Alphabet an, und setzen Sie die Buchstaben in die richtige Reihenfolge:

				A **a**
R **erre**	G **gi**	B **bi**	I **i**	L **elle**
F **effe**	S **esse**	T **ti**	N **enne**	V **vu**
M **emme**	U **u**	O **o**	D **di**	Q **cu**
Z **zeta**	H **acca**	C **ci**	P **pi**	E **e**

2 Setzen Sie je eines der Wörter ein:

è, siamo, siete, sono

a. ...È... Lei il signor Martini?
b. Sì, ...Sono... io.
c. Piacere. ...Sono... Rainer Winkler.
d. ...È... qui con la famiglia, vero?
e. Sì, ...siamo... tutti qui.
f. ...Siete... a Otranto per la prima volta?
g. Sì, ...siamo... a Otranto per la prima volta.

3 Schauen Sie sich die Zeichnungen an. Wie begrüßen oder verabschieden sie sich?

Arrivederci

Buongiorno Ciao

a.

Arrivederci Ciao

b.

Buona sera Buona sera

c.

Buona notte Buona notte

d.

Übungen

4 Setzen Sie die angegebenen Wörter ein:

a, con, di, in, per

a. È qui ....con.... la famiglia?
b. Sì, siamo tutti ....a.... Otranto.
c. Siamo ....in.... Italia ....per.... la prima volta.
d. Venite, prego, ...di.... qui.

5 Übersetzen Sie die Sätze der Übungen 2 und 4. Wenn Sie nicht weiterkommen, schauen Sie sich den Stoff der Lektion noch einmal an!

Parole incrociate

Lösen Sie gern Kreuzworträtsel? Mit unseren **parole incrociate (la parola** *das Wort;* **la croce** *das Kreuz)* können Sie den Wortschatz dieser Lektion wiederholen. **Buon divertimento!** *Viel Spaß!*

▶ **Orizzontali** *Waagerecht*

2 Ah, piacere! ....! ◆ 6 ...., Rainer Winkler! ◆ 7 Buon .... ◆ 8 Ah, ... bene ...

▼ **Verticali** *Senkrecht*

1 È .... con la famiglia? ◆ 2 .... giorno. ◆ 3 Siete in Italia per la prima.....? ◆ 4 ...., di qui. ◆ 5 ...., vi faccio vedere la casa. ◆ 6 Siete qui a Otranto per la .... volta?

Lektion 2

In einer **villetta** *einem Ferienhaus* lässt sich ein bequemes und faules Leben führen. Die **villette** sind möbliert und bieten den üblichen Komfort. **Una terrazza** *eine Terrasse*, um am Abend ein Gläschen zu trinken und zu plaudern, ist auch dabei. Es gibt auch Bungalows auf Campingplätzen. Wie „Sand am Meer" gibt es Hotels und Pensionen aller Kategorien und Preisklassen. Genauere Auskünfte erhalten Sie in jedem Touristenbüro.

Che bella villetta!

Che bella villetta!

Signor Martini: Ecco, questa è la villetta per Voi. Entrate!

Signora Winkler: Che carina!

Signor Martini: Qui c'è la cucina ... Lì c'è il bagno.

Signora Winkler: E lì che cosa c'è?

Signor Martini: Lì ci sono le camere da letto per Voi e per i bambini; questo è il soggiorno e lì c'è la terrazza.

Signora Winkler: Ah, è proprio bella. Mi piace molto.

Signor Martini: È tutto in ordine?

Signora Winkler: Sì, grazie, c'è proprio tutto.

Signor Martini: Allora buone vacanze.

Neue Wörter und Ausdrücke

che bella villetta	was für ein schönes Ferienhaus
ecco	hier (ist/sind)
questa	diese
la villetta	das Ferienhaus
per voi	für Sie
entrate	treten Sie ein
la signora	die Frau
che carina *(f)*	wie hübsch
c'è	es gibt
la cucina	die Küche
lì	dort
il bagno	das Bad
e	und
che cosa?	was?
la cosa	die Sache, das Ding
ci sono	es sind/es gibt
le camere da letto	die Schlafzimmer
il letto	das Bett
per i bambini	für die Kinder
questo	dieser, -s
il soggiorno	das Wohnzimmer
la terrazza	die Terrasse
proprio	wirklich
bello, -a	schön
mi piace	es gefällt mir
molto	sehr
tutto	alles
in ordine	in Ordnung
grazie	dankeschön
c'è tutto	es ist alles da
allora	also
buone vacanze	schöne Ferien
le vacanze	die Ferien

Lektion 2

Erklärungen

1 **C'è - Ci sono** *(da ist, da sind* in der Bedeutung von *es gibt, es befindet sich)* benutzt man je nachdem, ob man von einer oder mehreren Sachen spricht. **C'è** entsteht aus **ci è** (**ci** = *da*), wobei das **i** wegfällt.

C'é tutto?
Ist alles da?

Qui **c'è** la cucina, lì **ci sono** le camere da letto.
Hier ist die Küche, dort sind die Schlafzimmer.

Haben Sie bemerkt? **Qui** heißt *hier*, **lì** heißt *dort*.

La cucina

Erklärungen

2 **Der bestimmte Artikel** lautet **il** für maskuline, **la** für feminine Substantive, im Plural **i** bzw. **le**:

	m		*f*	
Sing	**il** bambino	*das Kind*	**la** cucina	*die Küche*
	il bagno	*das Bad*	**la** camera	*das Zimmer*
	il soggiorno	*das Wohnzimmer*	**la** signora	*die Dame*
Pl	**i** bambini	*die Kinder*	**le** cucine	*die Küchen*
	i bagni	*die Bäder*	**le** camere	*die Zimmer*
	i soggiorni	*die Wohnzimmer*	**le** signore	*die Damen*

Substantive auf **-o** sind meistens maskulin und bilden den Plural auf **-i**; Substantive auf **-a** sind meistens feminin und bilden den Plural auf **-e**.

3 Auch die **Adjektive** folgen dieser Regel:

m/f Singular	*m/f Plural*
bell**o**, bell**a** *schön*	bell**i**, bell**e**
carin**o**, carin**a** *hübsch, niedlich*	carin**i**, carin**e**

4 **Che** in Verbindung mit Adjektiven wie **bello, -a, carino, -a** entspricht dem deutschen *wie* oder *was für ein:*

Che bella villetta!	*Was für ein schönes Ferienhaus!*
Che carina!	*Wie hübsch!*

Che zusammen mit dem Wort **cosa** *das Ding, die Sache* bedeutet *was:*

Che cosa c'è lì?	*Was gibt es dort?*

5 Questo, questa *dieser, -s; diese:*

	m	*f*
Sing	questo è il soggiorno *dies ist das Wohnzimmer*	questa è la cucina *dies ist die Küche*
Pl	questi sono i bambini *dies sind die Kinder*	queste sono le camere da letto *dies sind die Schlafzimmer*

6 **Proprio** *wirklich* ist ein „Füllwort", das im Italienischen häufig verwendet wird, um eine Aussage zu verstärken.

7 **Tutti** *alle* haben Sie in der Verbindung **noi tutti** schon kennen gelernt. **Tutto** heißt *alles, ganz;* die weiblichen Formen sind **tutta** (Singular), **tutte** (Plural).

Übungen

1 Folgende italienischen Namen und Wörter sind Ihnen zum Teil sicherlich bekannt. Wie spricht man sie richtig aus?

a. Wird das **c** in den folgenden Wörtern wie *tsch* in *tschüs* oder wie das deutsche *k* ausgesprochen? Hören Sie bitte zunächst die Wörter an, und sprechen Sie sie nach. Anschließend tragen Sie sie in die richtige Spalte ein:

ciao, Gu**cci**, zu**cchi**ni, **Chi**anti, Valpoli**cel**-la, e**cco**, Botti**ce**lli, Mi**che**langelo, ma**cche**roni, **ca**lamari

wie *tsch*	wie *k*
ciao	zucchini
Gucci	Chianti
Valpolicella	ecco
Botticelli	Michelangelo
	maccheroni
	calamari

Wann wird **c** wie *tsch* ausgesprochen?

b. Wird das **g** in den folgenden Wörtern wie *dsch* in Gin oder wie das deutsche *g* ausgesprochen? Hören Sie bitte zunächst die Wörter an und sprechen Sie sie nach. Anschließend tragen Sie sie in die richtige Spalte ein:

parmi**gi**ano, la**go** di **Ga**rda, buon**gi**orno, Ba**gg**io, Pia**gg**io, Lambor**ghi**ni, **Ge**nova, spa**ghe**tti, **G**ucci

wie *dsch*	wie deutsches *g*
parmigiano	lago di Garda
buongiorno	Lamborghini
Baggio	spaghetti
Piaggio	Gucci
Genova	

Wann wird **g** wie *dsch* ausgesprochen?

La terrazza

2 Setzen Sie **c'è** oder **ci sono** ein:

a. Ecco, qui c'è la cucina, lì c'è il bagno.
b. Che cosa c'è lì?
c. Lì ci sono le camere da letto per Voi e per i bambini.
d. Lì c'è la terrazza.
e. È tutto in ordine? Sì, grazie, c'è tutto.

3 Bilden Sie den Plural:

a. la villetta - le villette;
b. la camera le camere;
c. il bagno i bagni
d. il soggiorno i soggiorni
e. la casa le case
f. la terrazza le terrazze
g. il giorno i giorni

Übungen

4 Setzen Sie je eines der Wörter ein, und übersetzen Sie die Sätze:

che, che cosa, ci sono, mi piace, proprio, questa, tutto

a. Ecco, ...questa... è la villetta per Voi.
b. ...Che... carina!
c. E lì, ...che cosa... c'è?
d. ...Ci sono... le camere da letto.
e. È ...proprio... bella! ...Mi piace... molto.
f. È ...tutto... in ordine?
g. Sì, sì, grazie. C'è ...tutto

5 Hier unten sehen Sie das Ferienhaus der Familie Winkler im Grundriss. Tragen Sie die Namen der verschiedenen Räume ein:

Nr. 1 è ...il soggiorno...
Nr. 2 è ...la camera per i bambi...
Nr. 3 è ...la camera da letto...
Nr. 4 è ...la cucina...
Nr. 5 è ...il bagno...
Nr. 6 è ...la terrazza...

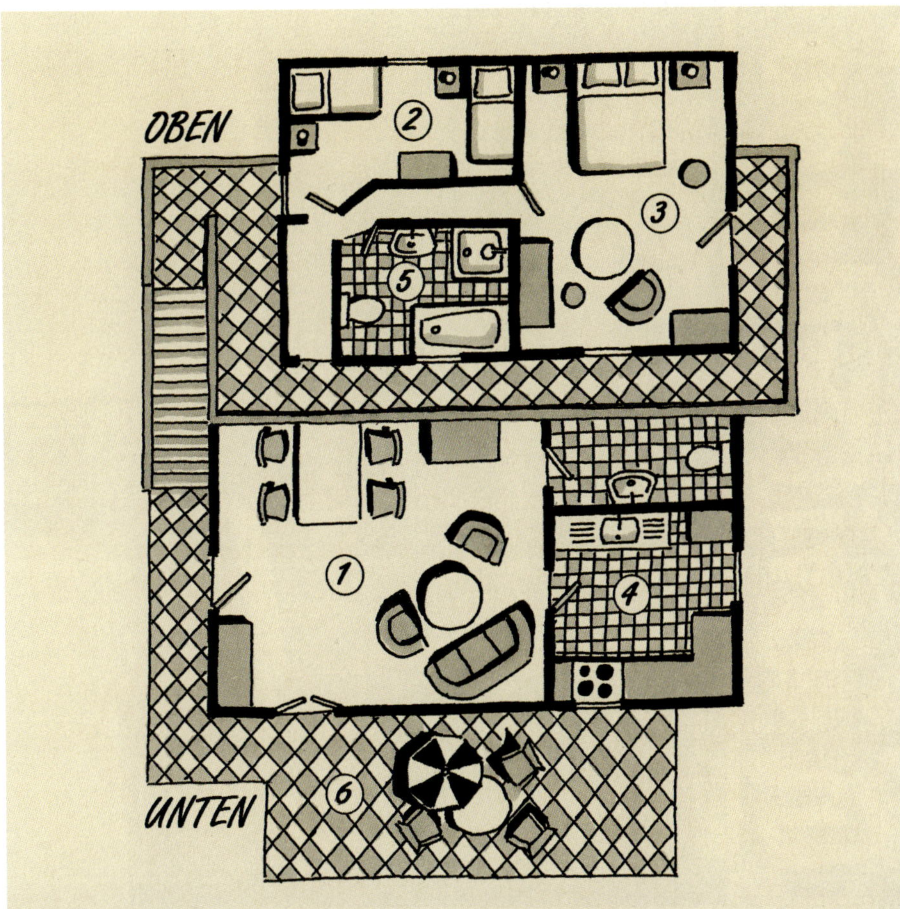

Lektion 3

Un invito dopo cena

Venite da noi per il caffè? Damit ist eine Einladung zum **caffè** *(Espresso)* nach dem Abendessen gemeint (Kaffeekränzchen am Nachmittag sind in Italien unüblich). Zum **caffè** bietet man Ihnen vielleicht auch **un liquore** *einen Likör,* **un amaro** *einen Bitter,* **un cognac** *einen Kognak* oder **una grappa** *einen Klaren* an. Wein wird relativ selten angeboten, da man ihn entweder als Aperitif vor dem Essen oder zum Essen trinkt. Auch unsere Familie Winkler wird von den Nachbarn eingeladen, sich nach dem Abendessen zu ihnen zu gesellen.

Un invito dopo cena

Signor Lolli: Buonasera. Questa è mia moglie.

Signora Lolli: Piacere, Caterina Lolli.

Signor Winkler: Piacere, Rainer Winkler. Questa è mia moglie Ursula, questo è mio figlio Daniel e questa mia figlia Franziska.

Daniel, Franziska: Piacere.

Signor Lolli: Entrate. Prego, accomodatevi.

Signora Lolli: Avete sete? Che cosa desiderate? Abbiamo una grappa, un liquore …

Signor Lolli: Eh, ma per i ragazzi non hai bibite, una limonata o un'aranciata, una Coca Cola? Ragazzi, allora, che cosa desiderate?

Daniel: Grazie, ma io non ho sete.

Franziska: Un'aranciata, grazie.

Signora Lolli: E Lei, signora?

Signora Winkler: Un'acqua minerale, grazie. Non bevo alcool.

Signor Winkler: Io invece accetto la grappa.

Lektion 3

Neue Wörter und Ausdrücke

un invito	eine Einladung
dopo cena	nach dem Abendessen
la cena	das Abendessen
buonasera	guten Abend
mia moglie	meine Frau
mio figlio	mein Sohn
mia figlia	meine Tochter
accomodatevi	nehmen Sie *(Pl)* Platz
avete sete?	haben Sie *(Pl)* Durst?
la sete	der Durst
che cosa desiderate?	was möchten Sie?
abbiamo	wir haben
la grappa	der Grappa
un liquore	ein(en) Schnaps, Likör
i ragazzi	die Jugendlichen
non	nicht
non hai bibite?	hast du keine Getränke?
una limonata	eine Limonade
o	oder
un'aranciata	ein(en) Orangensaft
una Coca Cola	eine Coca Cola
non ho sete	ich haben keinen Durst
un'acqua minerale	ein Mineralwasser
per favore	bitte
non bevo alcool	ich trinke keinen Alkohol
invece	dagegen, anstatt
accetto	ich nehme (an), ich akzeptiere

Lektion 3

Erklärungen

1 Eine Reihe maskuliner und femininer **Substantive** endet auf **-e** im Singular, auf **-i** im Plural.

	m	*f*
Sing	il signor**e** *der Herr* il liquor**e** *der Schnaps*	la mogli**e** *die Ehefrau*
Pl	i signor**i** *die Herren* i liquor**i** *die Schnäpse*	le mogl**i** *die Ehefrauen*

Auch viele Adjektive folgen dieser Regel:
un'acqua mineral**e** / due acque mineral**i**
ein Mineralwasser / zwei Mineralwasser
Folgt auf **signore** ein Name, so entfällt das auslautende **-e:**

il signor Winkler *Herr Winkler*
il signor Lolli *Herr Lolli*

Erklärungen

2 Der **unbestimmte Artikel** lautet: **un, una, un'** *ein, eine*

m Sing		*f Sing*	
un signore	*ein Herr*	una limonata	*eine Limonade*
un ragazzo	*ein Junge*	una moglie	*eine Ehefrau*
un liquore	ein Likör	un'aranciata	*ein Orangensaft*
un invito	eine Einladung	un'acqua minerale	*ein Mineralwasser*

Aus **una** wird **un'**, wenn es vor einem Wort steht, das mit einem Selbstlaut *(a, e, i, o, u)* beginnt: **un'acqua, un'aranciata.**

3 **I ragazzi** steht sowohl für *die Jugendlichen* als auch für *der Junge und das Mädchen* oder *die Jungen und die Mädchen.* Im Allgemeinen verwendet man die männliche Mehrzahl, wenn man von einer gemischten Gruppe spricht. In der Einzahl haben **ragazzo** und **ragazza** inzwischen unter Jugendlichen die Bedeutung von *fester Freund* bzw. *feste Freundin*.

4 **Non** heißt *nicht, kein* und steht immer vor dem Verb:

La casa non mi piace.
Das Haus gefällt mir nicht.
Questa non è mia moglie.
Dies ist nicht meine Frau.
Non ho sete.
Ich habe keinen Durst.
Non abbiamo bibite.
Wir haben keine Getränke.

5 **Präsens** von **avere** *haben:*

(io) ho	*ich habe*
(tu) hai	*du hast*
(lui/lei) ha	*er/sie hat*
(Lei) ha	*Sie haben*
(noi) abbiamo	*wir haben*
(voi) avete	*ihr habt/Sie haben*
(loro) hanno	*sie haben*

Le ragazze

6 **Grazie** bedeutet sowohl *danke, nein* als auch *ja, bitte.*

Che cosa desiderate?
Was wünschen Sie?
Un' acqua minerale, grazie.
Ein Mineralwasser, bitte.
Un'aranciata, grazie.
Einen Orangensaft, bitte.
Grazie, non ho sete.
Danke, ich habe keinen Durst.

1 a e i o u … lassen Sie die Vokale richtig klingen! Hören Sie sich zunächst die Sätze an, und sprechen Sie sie nach. Beachten Sie besonders die Aussprache von **qu**, und versuchen Sie das **u** ganz deutlich als solches auszusprechen. Anschließend ergänzen Sie bitte die Sätze mit den Vokalen:

a. P.....cere, Martini.
b. B.....ngiorno!
c. Venite, vi facc..... vedere la casa.
d. Ecco, q.....sta è la casa per voi.
e. Q..... c'è il sogg.....rno.
f. Q.....sto è il bagno.
g. Mi p.....ce molto, è propr..... bella, grazie.
h. Cosa desiderate? Un liq.....re, un'aranc.....ta o un'acq..... minerale?

2 Setzen Sie die Wörter ein, und übersetzen Sie die Sätze:

abbiamo, avete, ha, hai, hanno, ho

a. Ragazzi, ... sete?
b. .... aranciata, Coca Cola, limonata, acqua minerale …

c. No, grazie, io non .... sete.
d. Io, invece sì, ... sete.
e. E Lei, signora, non .... sete?
f. Che cosa desidera? .... anche whisky, grappa …
g. Caterina, non .... un liquore per la signora Winkler?
h. I Lolli .... bibite e liquori.

3 Ergänzen Sie den passenden Artikel **il, la** (Singular) oder **i, le** (Plural):

a. ..... camera da letto
b. ..... bagno
c. ..... signor Winkler

d. ..... signora
e. ..... ragazzi
f. ..... grappa
g. ..... vacanze
h. ..... sete
i. ..... camere
l. ..... moglie

4 Setzen Sie **un, una** oder **un'** ein:

Che cosa desiderate? Io ..... grappa, mia moglie ..... acqua minerale, Franziska ..... aranciata. E per Lei? ..... liquore.

Übungen

5 Maskulinum oder Femininum? Tragen Sie folgende Wörter in die richtige Spalte ein, und schreiben Sie den passenden bestimmten Artikel (**il**, **la**, **i**, **le**) dazu:

cucina, soggiorno, sete, letto, liquore, camere, signore, mogli, ragazzo, figli, figlie, bagni

Maskulinum	Femininum
il soggiorno	*la cucina*
il letto	la sete
il liquore	le camere
il ragazzo	le signore
i figli	le mogli
i bagni	le figlie

il signore

Parole incrociate

▶ **Orizzontali** *Waagerecht*

3 Questa è la villetta: che .....! ◆ 5 Questo è mio ..... Daniel. ◆ 6 Lì ..... le camere da letto. ◆ 7 ..... è il soggiorno. ◆ 8 ..... Questa è mia moglie. ◆ 11 È tutto .....? ◆ 12 Avete .....? ◆ 13 Accetto un'aranciata, ... ◆ 14 Allora, ...!

▼ **Verticali** *Senkrecht*

1 Questa è mia ..... Ursula. ◆ 2 .... desiderate? ◆ 4 Entrate, prego, ...! ◆ Questa è mia ..... Franziska. ◆ 9 Eh, ma per i ..... non hai una bibita? ◆ 10 Io ..... accetto la grappa.

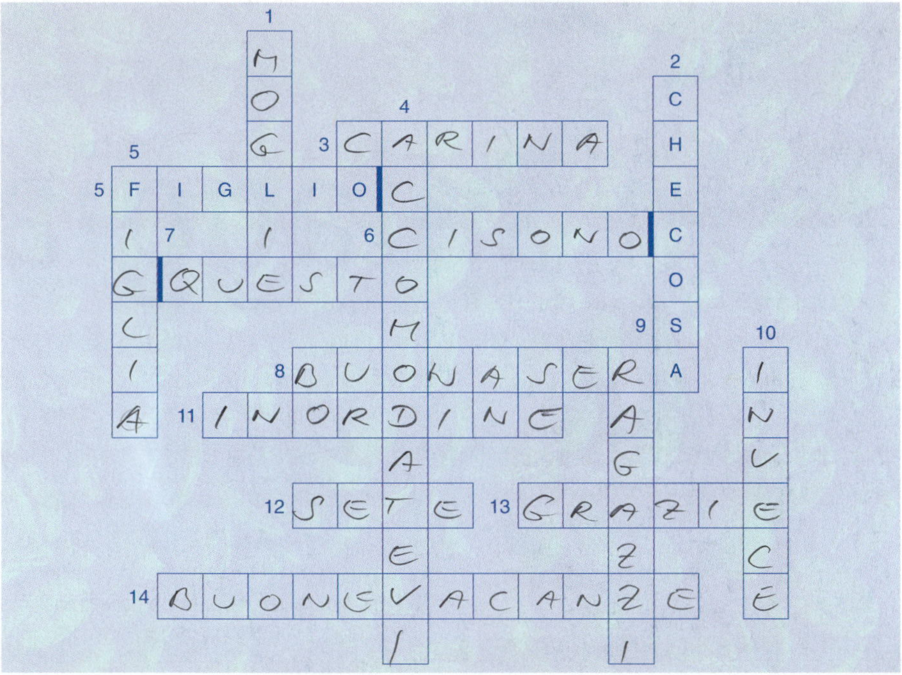

Lektion 4

In spiaggia

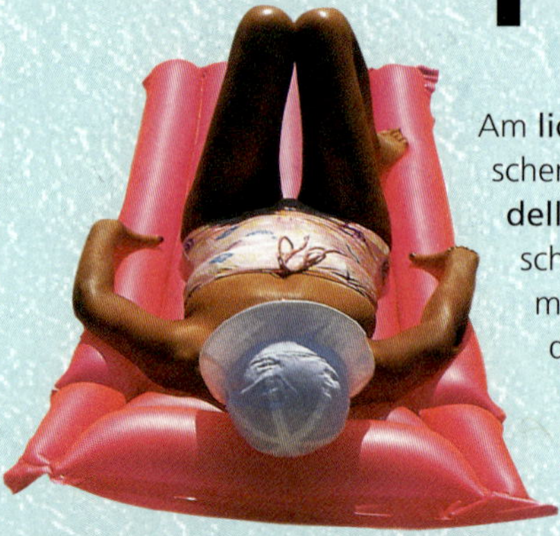

Am **lido** oder **bagno** *Badeanstalt* mit malerischen Namen wie **„lido dei coralli“, „bagno delle rose“** können Sie Liegestühle, Sonnenschirme, Umkleidekabinen, Tretboote usw. mieten. Es gibt auch Umkleideräume, die dem Publikum frei zur Verfügung stehen. **Il bagnino** *der Bademeister* ist für Sie da, wenn Sie Fragen oder Probleme haben. Auch Frau Winkler wendet sich an den **bagnino.**

Il bagnino

In spiaggia

Signora Winkler: Scusi, dov'è la cabina?
Bagnino: È l'ultima a sinistra, quella verde e rossa. Lei è nuova qui, vero?
Signora Winkler: Sì, sono qui da ieri.
Bagnino: Ma Lei non è italiana; di dov'è?
Signora Winkler: Sono di Kassel.

Bagnino: Ah, interessante! Quest'anno gli ospiti sono proprio internazionali! C'è anche una famiglia francese di Parigi e uno studente austriaco di Vienna. Venga, Le faccio vedere dov'è la cabina.
Signora Winkler: Grazie, molto gentile.
Bagnino: Lei parla bene l'italiano! Ecco, questa è la cabina. C'è anche lo specchio, è un po' piccolo, ma ...

Neue Wörter und Ausdrücke

in spiaggia	am Strand
la spiaggia	der Strand
scusi	entschuldigen Sie
dov'è	wo ist
dove	wo
la cabina	die Umkleidekabine
il bagnino	der Bademeister
l'ultima	die letzte
a sinistra	links
quella	jene
verde	grün
rosso, -a	rot
nuovo, -a	neu
da	*hier:* seit
ieri	gestern
ma	aber
italiano, -a	Italiener/in
di dov'è?	woher sind Sie?
sono di Kassel	ich bin aus Kassel
interessante	interessant
quest'anno	dieses Jahr
l'anno	das Jahr
gli ospiti	die Gäste
internazionale	international
anche	auch
francese	französisch
di Parigi	aus Paris
uno studente	ein Student
austriaco, -a	Österreicher, österreichisch
di Vienna	aus Wien
venga	kommen Sie
molto gentile	sehr freundlich
Lei parla	Sie sprechen
(l')italiano	italienisch
lo specchio	der Spiegel
un po' (un poco)	ein bisschen
piccolo, -a	klein

Erklärungen

1 Beginnt das Substantiv mit einem der Selbstlaute *a, e, i, o* oder *u,* so lautet **der bestimmte Artikel im Singular** l':

l'italiano	*der Italiener/ (das) Italienisch(e)*
l'italiana	*die Italienerin*
l'austriaco	*der Österreicher*
l'aranciata	*der Orangensaft*
l'ospite	*der Gast*

Beginnt ein maskulines Substantiv mit *s + Konsonant (Mitlaut),* so lautet der bestimmte Artikel im Singular **lo**:

lo studente	*der Student*
lo specchio	*der Spiegel*

Erklärungen

2 In den obigen Fällen lautet **der bestimmte Artikel im Plural** **gli** für die maskulinen Substantive, **le** für die femininen:

gli italiani	*die Italiener*
gli ospiti	*die Gäste*
gli studenti	*die Studenten*
le italiane	*die Italienerinnen*
le aranciate	*die Orangensäfte*
le spiagge	*die Strände*

Vor maskulinen Substantiven, die mit *s + Konsonant* beginnen, wird **un** *(ein)* zu **uno:**

uno studente	*ein Student*
uno specchio	*ein Spiegel*

3 **Adjektive auf -e** enden im Plural auf **-i,** ganz gleich, ob sie sich auf maskuline oder feminine Substantive beziehen:

il bagno verd**e** e rosso
das grüne und rote Bad

i bagni verd**i** e rossi
die grünen und roten Bäder

la cabina verd**e** e rossa
die grüne und rote Badekabine

le cabine verd**i** e rosse
die grünen und roten Badekabinen

Questo signore è gentil**e** ma anche quella signora è molto gentil**e**.
Dieser Herr ist freundlich, aber auch jene Dame dort ist sehr nett.

Le cabine

4 Achten Sie darauf, dass sich **Adjektive** generell in Zahl und Geschlecht nach dem Substantiv richten, auf das sie sich beziehen:

L'ultima cabina è piccol**a**.
Die letzte Kabine ist klein.

La signora Winkler è nuov**a** qui.
Frau Winkler ist neu hier.

Il bagnino è gentil**e**.
Der Bademeister ist nett.

Gli ospiti sono internazional**i**.
Die Gäste sind international.

5 **Dove** *wo*

Dov'è la cabina?
Wo ist die Badekabine?

Dove sono le cabine?
Wo sind die Badekabinen?

6 **Di dove** *woher (von wo)*

Di dov'è?
Woher sind Sie / ist er, sie?

Sono di Kassel.
Ich bin aus Kassel.

Di dove siete?
Woher sind Sie / ihr?

Siamo di Roma.
Wir sind aus Rom.

Übungen

1 a. Jetzt hören Sie eine Liste bekannter und unbekannter Namen. In welcher Reihenfolge werden sie genannt? Tragen Sie bitte die Nummern ein.

[2] Scorsese	[6] Schenone
[5] Scuderi	[1] Scalfaro
[4] Schillaci	[9] Scerni
[3] Scola	[10] Scevola
[7] Sciarrino	[8] Scirea

b. Wie wird **sc** ausgesprochen? Wie in *schön* oder wie in *Skala*? Tragen Sie bitte die Namen in die richtige Spalte ein.

sc wie in *schön*	**sc** wie in *Skala*
Scirea, Sciarrino, Scerni, Scevola	Scalfaro, Scorsese, Scola, Schillaci, Scuderi, Schenone

c. Wann wird **sc** wie in *schön* ausgesprochen?

vor e + i ....

....

2 Haben Sie den Lektionstext richtig verstanden? Ergänzen Sie den Dialog:

a. Scusi, dov'è la ...cabina...?
b. È l'...ultima... a sinistra, quella ...verde... e ...rossa...
c. Lei è ...nuova... qui, vero?
d. Sì, sono qui da ...ieri...
e. Ma Lei non è ...italiana...; di dov'è?
f. Sono ...di... Kassel.

3 **il, lo, la, l', le, i** oder **gli**? Setzen Sie jeweils die richtige Artikelform ein:

a. Quest'anno ...gli... ospiti sono proprio internazionali.
b. Vuoi bere ...l'... aranciata o ...la... limonata?
c. Quello è ...lo... studente di Vienna.
d. ...Le... camere da letto sono lì. ...Il... bagno è qui a sinistra.
e. ...I... ragazzi non bevono alcolici.

4 Verbinden Sie die Fragen mit den entsprechenden Antworten:

e 1. È Lei il signor Lorenzini?
c 2. Di dove sono?
f 3. Che cosa c'è lì?
d 4. Desidera un'aranciata, una limonata, un'acqua minerale...?
b 5. Dov'è la villetta?
a 6. Siete francesi?

a. No, siamo tedeschi.
b. È l'ultima a destra, quella bianca e verde.
c. Sono di Milano.
d. No, grazie, non ho sete.
e. No, non sono io.
f. Ci sono le camere da letto per i bambini.

Übungen

5 Setzen Sie folgende Sätze in die Mehrzahl:

Le cabine sono rosse.

a. La cabina è rossa;
b. Il bagno è piccolo;
c. La casa è carina;
d. La famiglia è francese;
e. Il bagnino è gentile;
f. La signora è nuova qui;
g. Lo studente è italiano;
h. Io sono italiano;
i. Io sono nuova qui.

6 Bilden Sie Fragen und Antworten nach dem Muster:

Di dove – Lei – Kassel:
Di dov'è Lei? Sono di Kassel.

a. Di dove – tu – Roma
b. Di dove – voi – Milano
c. Di dove – i signori Winkler – Kassel
d. Di dove – la famiglia francese – Parigi
e. Di dove – lo studente austriaco – Vienna

7 Sprechen Sie bitte zunächst die Namen der Regionen laut, hören Sie sie dann an, und prüfen Sie Ihre Aussprache. Zwei Regionen fehlen. Welche?

Lektion 5

Al bar dopo cena

Un caffè! *Einen Espresso!* ruft der Italiener an der **bar**, die in Italien ein wichtiger gesellschaftlicher Anlaufpunkt ist. Hier hält man sich ein paar Minuten oder auch stundenlang auf, um sich über Politik, Sport, Nachbarn usw. zu unterhalten. Dazu trinkt man einen Espresso oder ein Glas Wein. **Il caffè** muss heiß und stark sein. Die riesige Kaffeemaschine wird täglich auf Hochglanz poliert, die Tassen oben aufgestapelt, damit sie warm bleiben. Sie können eine der Varianten ausprobieren, die im Text erklärt werden, aber Kaffee wie in Deutschland ist nur in „eingedeutschten" Urlaubsorten zu finden; der eigentliche Unterschied liegt nicht in der Wassermenge, sondern in der Röstung des Kaffees, die in Italien bei höherer Temperatur erfolgt. Dadurch bekommt der Kaffee einen bitteren Geschmack, verliert aber einen höheren Anteil an Koffein und ist daher bekömmlicher als deutscher Kaffee.

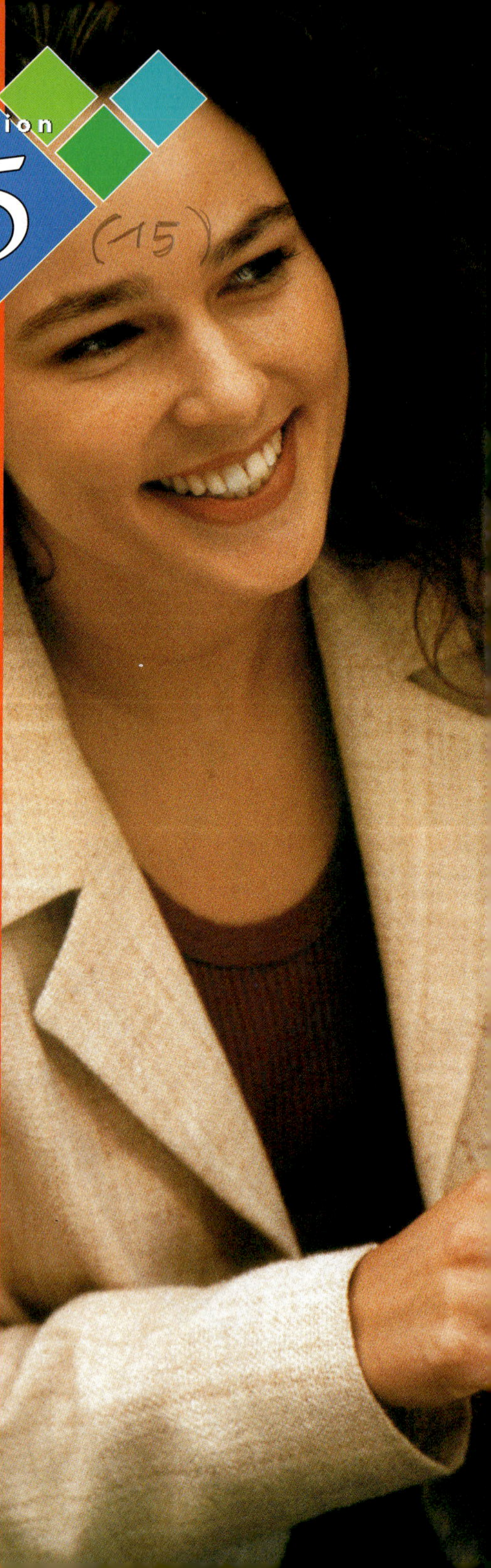

Al bar dopo cena

Cameriere: Signore, desidera?

Signor Winkler: Un cappuccino, per favore!

Un cliente: Lei è straniero, vero?

Signor Winkler: Sì, sono tedesco, perché?

Cameriere: Solo gli stranieri bevono il cappuccino dopo i pasti!

Signor Winkler: E gli italiani, che cosa prendono?

Cameriere: Be', noi ordiniamo un caffè ristretto, se siamo stanchi, altrimenti prendiamo un espresso o un caffè lungo, cioè un caffè con più acqua.
Chi desidera un caffè meno forte prende un caffè macchiato, cioè con un po' di latte. Per digerire invece c'è il caffè corretto con un po' di grappa.

Signor Winkler: Ah, capisco. E il cappuccino, allora?

Cameriere: Be', il cappuccino è per la colazione!

Neue Wörter und Ausdrücke

al bar	an der Bar
il bar	die Bar
il cameriere	der Kellner
un cappuccino	ein Cappuccino
per favore	bitte
un cliente	ein Kunde
straniero, -a	Ausländer, -in
sono tedesco, -a	ich bin Deutsche(r)
perché	warum, weil
solo	nur
bevono	(sie) trinken
dopo	nach
i pasti	die Mahlzeiten
prendono	(sie) nehmen
be'	nun
noi ordiniamo	wir bestellen
un caffè ristretto	ein starker Kaffee
se	wenn
siamo stanchi	wir sind müde
altrimenti	sonst
prendiamo	wir nehmen
un caffè lungo	einen verlängerten Kaffee
cioè	das heißt
più	mehr
l'acqua *(f)*	das Wasser
chi	wer
meno	weniger
forte	stark
prende	(er, sie) nimmt
un caffè macchiato	ein „gefleckter" Kaffee
un po' di latte	etwas Milch
il latte	die Milch
per digerire	um zu verdauen
caffè corretto	Kaffee mit Schuss
capisco	ich verstehe
la colazione	das Frühstück

Erklärungen

1 Desidera un'aranciata?
Möchten Sie einen Orangensaft?
Sì, grazie.
Ja, bitte.

Che cosa desidera?
Was möchten Sie?
Un cappuccino, per favore.
Einen Cappuccino, bitte.

Benutzen Sie **per favore,** wenn Sie etwas verlangen!

2 sono tedesc**o**
ich bin Deutscher/aus Deutschland
sono tedesc**a**
ich bin Deutsche/aus Deutschland
siamo tedesc**hi**
wir sind Deutsche/aus Deutschland
siamo tedesc**he**
wir sind Deutsche/aus Deutschland

Beachten Sie: Man sagt bei einer Stadt **sono di Kassel** *ich bin aus Kassel;* bei der Angabe der Staatsangehörigkeit, d. h. des Herkunftslandes dagegen sagt man **sono tedesco, -a** und nicht etwa: *sono di Germania!*

Erklärungen

3 Vor den Endungen **-co, -ca** und **-go, -ga** wird im Plural häufig ein *h* eingeschoben, damit die „*k*"- bzw. „*g*"-Aussprache erhalten bleibt:

tedesco - tedesca *deutsch*
tedes**chi** [-k-] - tedes**che** [-k-]

stanco - stanca *müde*
stan**chi** [-k-] - stan**che** [-k-]

lungo - lunga *lang*
lun**ghi** [-g-] - lun**ghe** [-g-]

4 Im Italienischen lassen sich die verschiedenen **Klassen der Verben** an der Grundform (Infinitiv) erkennen. Merken Sie sich also die Grundform, um die gewünschte Verbform richtig bilden zu können. Wie im Deutschen sind die Verbformen in den verschiedenen Personen (ich, du, er, wir usw.) jeweils an der Endung zu erkennen.

Hier wollen wir Ihnen **die erste Verbklasse** vorstellen. Sie sind schon einigen Verben dieser Klasse begegnet:

Desidera?
Sie wünschen?

Io **accetto** una grappa.
Ich nehme einen Grappa an.

Lei **parla** bene l'italiano!
Sie sprechen gut Italienisch!

Entrate!
Treten Sie ein!

Noi **ordiniamo** un caffè ristretto.
Wir bestellen einen kleinen Kaffee.

Die Grundform dieser Verben endet jeweils auf **-are:**

desider**are**	*wünschen*
accett**are**	*annehmen*
parl**are**	*sprechen*
entr**are**	*eintreten, hereinkommen*
ordin**are**	*bestellen*

Die Formen des **Präsens** lauten:

parl-are	*sprechen*
(io) parl-**o**	*ich spreche*
(tu) parl-**i**	*du sprichst*
(lui/lei) parl-**a**	*er/sie spricht*
(Lei) parl-**a**	*Sie sprechen*
(noi) parl-**iamo**	*wir sprechen*
(voi) parl-**ate**	*ihr sprecht/Sie sprechen*
(loro) parl-**ano**	*sie sprechen*

Dieses Endungsschema gilt für fast alle Verben der **-are**-Klasse.

5 **Un poco** oder **un po'** heißt *ein wenig, etwas:*

un po' **di** latte
etwas (ein bisschen) Milch
un po' **di** grappa
etwas (ein wenig) Grappa

Hier bedeutet **di** *etwas (von der)* Milch, *etwas (vom)* Grappa.

Übungen

1 Setzen Sie die fehlenden Wörter ein:

a. Lei è ...., vero?
b. Sì, sono ...., perché?
c. Solo .... bevono il cappuccino dopo ....
d. Noi ordiniamo un caffè ristretto .... siamo ....
e. .... desidera un caffè .... forte ordina un caffè macchiato.
f. Per digerire .... c'è il caffè corretto con .... grappa.

2 Zwei Freunde wollen etwas trinken. Vervollständigen Sie den Dialog mit den richtigen Formen des Verbs **desiderare:**

a. Mario, tu che cosa ....?
b. Io .... una grappa.
c. Cameriere! .... ordinare.
d. Prego! Che cosa ....?
e. Allora, io .... un caffè, lui invece .... una bibita, no, scusi, una grappa.

3 Bilden Sie Fragen und Antworten mithilfe des Verbs **ordinare:**

a. Che cosa (tu) ....?
(io) .... un caffè.
b. Che cosa (voi) ....?
(noi) .... un'aranciata.
c. Che cosa (Lei) ....?
(io) .... una grappa.
d. Che cosa (lui) ....?
(lui) .... un'acqua minerale.

4 Raten Sie mal! Verbinden Sie die Wörter, die eine entgegengesetzte Bedeutung haben:

ultimo	ragazza
bello	grande
ragazzo	destra
sinistra	signora
giorno	brutto
piccolo	notte
poco	bruttina
carina	molto
signore	primo

Übungen

5 Übersetzen Sie:
Haben Sie Durst? Was wünschen Sie? Ich bin Herr Winkler aus Kassel. Sehr erfreut. Sind Sie mit der Familie hier? Ja, dies(e) ist meine Frau Ursula und dies(er) ist mein Sohn Daniel. Woher sind Sie? Ich bin aus Deutschland. Sind Sie zum ersten Mal hier? In Otranto ja, in Italien nein. Wo ist die Umkleidekabine? Dort, links. Danke, sehr nett (von Ihnen).

Alfabeto matto *Verrücktes Alphabet*
Schaffen Sie es, die hier versteckten Wörter (12 waagerecht und 7 senkrecht) zu finden?

A	E	I	O	S	C	B	I	B	I	T	E
R	S	O	D	E	S	I	D	E	R	A	G
A	M	T	S	T	A	N	C	O	N	R	M
Z	E	L	T	E	D	E	S	C	O	F	I
E	N	U	R	M	C	A	P	I	S	C	O
C	O	L	A	Z	I	O	N	E	P	A	S
H	M	I	N	V	E	C	E	T	I	B	U
I	S	P	I	A	G	G	I	A	T	I	E
P	I	U	E	L	U	N	G	O	E	N	Z
O	S	T	R	A	N	I	E	R	O	A	S
N	E	C	O	L	U	M	P	A	S	T	I

Lektion 6

In autobus

Busfahrkarten kauft man im Tabakladen, am Kiosk, oft auch in Bars, aber nur sehr selten an Automaten. Dies überrascht Daniel Winkler sehr. In der Tat: in Italien können Sie **biglietto** *Fahrkarte* und **caffè** zusammen bestellen! An den Haltestellen stehen große Anzeigetafeln - hier können Sie die Fahrpläne ablesen. Aufgepasst! Am Abend fahren sehr selten Busse, daher ist es empfehlenswert, sich den Fahrplan genau anzusehen.

La tabaccheria

In autobus

Daniel Winkler: Un biglietto per il centro, per favore!

Autista: Ma il biglietto si compra a terra! Non lo sa?

Daniel Winkler: Dove? Alla fermata non c'è un distributore automatico.

Autista: Eh, il biglietto si compra in tabaccheria o al capolinea!

Daniel Winkler: E adesso?

Autista: Forse c'è qualcuno che Le vende un biglietto.

Daniel Winkler: Scusi signora, ha un biglietto da vendere? Eh, sono senza.

Signora: Sì ecco, Lei è fortunato.

Daniel Winkler: Grazie. Quant'è?

Signora: Un euro.

Daniel Winkler: Grazie, molto gentile.

Neue Wörter und Ausdrücke

in autobus	im Bus
un biglietto	eine (Fahr)karte
per il centro	für die Stadtmitte
l'autista	der Busfahrer, die Busfahrerin
si compra	man kauft
a terra	bevor man einsteigt (*wörtl.:* am Boden)
la terra	der Boden, die Erde
non lo sa?	wissen Sie es nicht?

alla fermata	an der Haltestelle
un distributore automatico	ein Automat
in tabaccheria	im Tabakwarenladen
al capolinea	an der Endstation
adesso	jetzt, nun
forse	vielleicht
c'è qualcuno che	ist jemand da, der …
Le	Ihnen
vende	(er/sie) verkauft
da vendere	zu verkaufen
senza	ohne
Lei è fortunato	Sie haben Glück
quant'è?	wie viel ist/macht es?
quanto	wie viel
un euro	ein Euro
il turista	der Tourist
la turista	die Touristin
lavora	er/sie arbeitet; Sie arbeiten *(Anrede)*

Erklärungen

1 Il biglietto **si** compra in tabaccheria.
Die Fahrkarte kauft man im Tabakwarenladen.

Si entspricht in diesem Fall dem Deutschen *man.*

2 Zur **2. Verbklasse** (*vgl.* L.5) gehören Verben, deren Grundform auf **-ere** endet, wie z. B. **vendere** *verkaufen* oder **prendere** *nehmen.*

Die Formen des **Präsens** lauten bei den Verben auf **-ere:**

prendere	*nehmen*
prend-**o**	*ich nehme*
prend-**i**	*du nimmst*
prend-**e**	*er, sie nimmt/Sie nehmen*
prend-**iamo**	*wir nehmen*
prend-**ete**	*ihr nehmt/Sie nehmen*
prend-**ono**	*sie nehmen*

Che cosa prendono gli italiani a colazione?
Was nehmen die Italiener zum Frühstück?

C'è qualcuno che vende un biglietto?
Ist hier jemand, der eine Fahrkarte verkauft?

3 Die Präposition **a** entspricht den deutschen *in, an, bei* und verschmilzt mit **il, la** zu **al** bzw. **alla:**

La famiglia Wagner è **al** villaggio turistico.
Familie Winkler ist im Feriendorf.

Il signor Winkler è **al** bar e prende un cappuccino.
Herr Winkler ist in der Bar und nimmt einen Cappuccino.

Alla fermata non c'è un distributore automatico.
An der Haltestelle gibt es keinen Fahrkartenautomaten.

4 **L'autista** bedeutet sowohl *der Fahrer* als auch *die Fahrerin.* Im Italienischen gibt es eine Reihe von Wörtern auf **-ista,** meistens Berufsbezeichnungen, die im Singular nur eine Form für Maskulinum und Femininum kennen. Der Plural dagegen ist regelmäßig auf **-i** (Maskulinum) bzw. auf **-a** (Femininum). Ebenso verhält sich **il/la turista** *der Tourist/die Touristin,* Plural: **i turisti/le turiste.**

5 Sprechen Sie von einer Dame oder einem Herrn als dritte Person, so sagen Sie:

Dov'è **la** signora Winkler?
Wo ist (die) Frau Winkler?

Dov'è **il** signor Martini?
Wo ist (der) Herr Martini?

Sprechen Sie dagegen die Person direkt an, so entfällt **il** bzw. **la:**

Buongiorno, signora Winkler!
Guten Tag, Frau Winkler!

Buonasera, signor Martini!
Guten Abend, Herr Martini!

Übungen

Bevor Sie sich an die Arbeit machen, empfehlen wir Ihnen, die Dialogtexte der Lektionen 1–5 nochmals sorgfältig zu lesen.

1 Ergänzen Sie den Dialog:

a. Scusi, un .... per il ...., per favore.
b. Ma il biglietto si .... a terra, non .... sa?
c. Dove? .... non c'è un distributore automatico.
d. No, il biglietto si compra in .... o al ....
e. E ....?
f. .... c'è qualcuno che Le .... un biglietto.
g. .... signora, ha un biglietto .... vendere?
h. Eh, sono ....
i. Sì, ecco, Lei è ....
l. Grazie, ...?

Alla fermata

2 Bilden Sie Fragen nach den Muster:
Dove – ordinare – caffè:
Dove si ordina il caffè?

a. Dove – comprare – biglietto
b. Dove – vendere – biglietto
c. Dove – parlare – italiano
d. Dove – comprare – aranciata
e. Dove – prendere – cappuccino
f. Dove – ordinare – acqua minerale

3 Beantworten Sie die Fragen der Übung 2 mit einem der angegebenen Wörter und setzen Sie dabei **al** und **in** richtig ein:
Dove si ordina il caffè? *Al bar,* usw.

bar, capolinea, villaggio turistico, Italia, spiaggia, tabaccheria.

Übungen

4 Setzen Sie die fehlende Verbform ein:

a. Noi .... (prendere) un caffè, e tu Mario che cosa .... (prendere) ?
b. Tu .... (accettare) un liquore?
c. Il signor Winkler .... (parlare) bene l'italiano.
d. Voi .... (prendere) l'autobus per il centro?
e. I biglietti per l'autobus .... (vendere) in tabaccheria. Chi .... (vendere) un biglietto al signore?
f. I turisti ....(comprare) i biglietti per l'autobus.

5 Finden Sie das richtige Wort, ggf. mit Artikel, zu folgenden Definitionen:

a. Un caffè con un po' di latte: *è un caffè macchiato.*
b. Quello per l'autobus si compra a terra: ....
c. Il biglietto per l'autobus si vende in ....
d. Daniel e Franziska prendono l'autobus alla ....
e. Gli italiani bevono il cappuccino o un'espresso a..........................
f. L'ultima fermata è ....
g. Gli italiani ordinano il caffè ristretto quando sono ....
h. Un ospite tedesco, francese o austriaco in Italia è ....
i. Chi è in vacanza in Italia, in Francia, in Germania o in... è ....
l. Chi lavora *(arbeitet)* in autobus è ....
m. Chi lavora in spiaggia è ....
n. Chi lavora al bar è ....
o. Un caffè ristretto è un caffè ....

6 Schauen Sie sich die Zeichnungen an und ergänzen Sie die Sätze mit **prego** oder **per favore**.

a.

b.

c.

d.

Lektion 7

Dove andiamo stasera ?

Im Sommer gehen die Italiener oft aus, und sei es nur, um auf der Straße ein Schwätzchen mit dem Nachbarn zu halten. Junge Leute – oft auf ihren geliebten Vespas – treffen sich auf der **piazza. La piazza** *der Platz* ist allgemein ein beliebter Treffpunkt. Hier spielt sich in kleineren Ortschaften das Abendleben ab: **nella gelateria** *in der Eisdiele,* **al bar** *im Café* oder am Dorfbrunnen.

Dove andiamo stasera?

Stefano: Allora, ragazzi, dove andiamo?
Franziska: Io ho voglia di un gelato. Perché non andiamo da „Mario"?
Daniel: Andiamo al cinema. Stasera c'è un film molto interessante.
Stefano: E perché non andiamo in discoteca?
Franziska: No, in discoteca io non vengo. C'è troppo rumore e non si sente niente. Preferisco passare una serata tranquilla.
Daniel: Ma quanti anni hai, Franziska! Parli come la nonna!
Stefano: Calma, ragazzi! Ecco Silvia. Sentiamo che cosa ha voglia di fare lei! Silvia!!
Silvia: Ciao ragazzi, come va?
Stefano, Daniel, Franziska: Bene grazie, e tu?
Silvia: Sono stanca morta. Vado a dormire.
Stefano, Daniel, Franziska: Ma sei matta?!

Lektion 7

Neue Wörter und Ausdrücke

dove andiamo?	wohin gehen wir?	quanti anni hai?	wie alt bist du?
stasera	heute Abend	come	wie
ho voglia di	ich habe Lust auf/zu	la nonna	die Großmutter/Oma
un gelato	ein Eis	calma!	Ruhe!
da „Mario"	zu/bei „Mario"	sentiamo	hören wir
al cinema	ins Kino	ha voglia di	(sie) hat Lust auf/zu
un film	ein Film	fare	tun, machen
in discoteca	in die Disko	come va?	wie geht's?
vengo	(ich) komme	stanco morto	todmüde
troppo rumore	zu viel Lärm	vado a dormire	ich gehe (zu) schlafen
non si sente niente	man hört nichts	ma sei matta?!	bist du denn verrückt?!
preferisco	ich ziehe vor	la trattoria	das Restaurant *(mittlere bis höhere Preislage)*
passare	verbringen		
una serata	ein(en) Abend		
tranquillo, -a	ruhig	finire (-isco)	beenden

Lektion 7

Erklärungen

1 **Vado** a dormire.
Ich gehe schlafen.

Come **va?**
Wie geht's?

Diese Formen gehören zu dem unregelmäßigen Verb **andare** *gehen, fahren,* dessen **Präsensformen** folgendermaßen lauten:

vado	*ich gehe*
vai	*du gehst*
va	*er/sie geht*
va	*Sie gehen*
andiamo	*wir gehen*
andate	*ihr geht/Sie gehen*
vanno	*sie gehen*

2 Sie haben vielleicht schon bemerkt, dass **Ortsangaben** nach **andare** meist mit **a, in, da** ausgedrückt werden. Allerdings kann man dabei nicht beliebig wählen, deshalb folgt hier eine kleine Gedächtnisstütze für Sie:

Andiamo **da** Mario.
Gehen wir zu Mario.

Immer, wenn Sie zu Personen gehen bzw. fahren, müssen Sie **da** verwenden.

Vado **a** dormire.
Ich gehe schlafen.

Immer, wenn auf **andare** ein Verb (Tätigkeit, Handlung) folgt, müssen Sie **a** verwenden.

Vado **in** autobus.
Ich fahre mit dem Bus.

Immer, wenn Sie das Verkehrsmittel angeben, mit dem Sie fahren, heißt es **in.**

Andiamo **in** tabaccheria.
Wir gehen in den Tabakladen.

Immer, wenn Sie in ein Geschäft gehen, das auf **-ia** endet, heißt es ebenfalls **in.**

Erklärungen

So auch:

Vado **in** pizzeria.
Ich gehe in die Pizzeria.

Vado **in** trattoria.
Ich gehe in die Trattoria.

Merken Sie sich am besten noch folgende Ausdrücke, die Sie oft brauchen werden:

Vado **a** casa.	*Ich gehe nach Hause.*
Vado **al** cinema.	*Ich gehe ins Kino.*
Vado **al** bar.	*Ich gehe in die Bar.*
Vado **in** discoteca.	*Ich gehe in die Disko.*
Vado **in** spiaggia.	*Ich gehe zum Strand.*

3 Was für **Ortsangaben** nach **andare** gesagt wurde, (*vgl.* 2.), gilt ebenfalls für Ortsangaben nach **essere** (*vgl.* L.1):

Siamo **a** Otranto.
Wir sind in Otranto. (Stadt)
Andiamo **a** Otranto.
Wir fahren nach Otranto.

Siamo **in** Italia.
Wir sind in Italien. (Staat)
Andiamo **in** Italia.
Wir fahren nach Italien.

Vado **a** casa.
Ich gehe nach Hause.
Sono **a** casa.
Ich bin zu Hause.

Vado **al** bar.
Ich gehe in die Bar.
Sono **al** bar.
Ich bin in der Bar.

Vado **da** Mario.
Ich gehe zu Mario.
Sono **da** Mario.
Ich bin bei Mario.

4 **Dove** heißt nicht nur *wo* (*vgl.* L. 4), sondern auch *wohin:*

Dove sei?
Wo bist du?

Dove vanno?
Wohin fahren Sie?

5 Zu der **3.** und letzten **Verbklasse** gehören die Verben auf **-ire** wie z. B. **digerire** *verdauen* (L. 5), **dormire** *schlafen,* **preferire** *vorziehen, lieber mögen;* **sentire** *hören,* deren Grundform sich wie folgt verändert:

sent-ire

sent-**o**	*ich höre*
sent-**i**	*du hörst*
sent-**e**	*er/sie hört*
sent-**e**	*Sie hören*
sent-**iamo**	*wir hören*
sent-**ite**	*ihr hört/Sie hören*
sent-**ono**	*sie hören*

Manche Verben dieser Klasse fügen ein **-isc-** ein, wobei die **noi-** und **voi-**Form immer regelmäßig ist. Wie **preferisco** verhalten sich auch **capire** *verstehen* (*vgl.* L. 5, **Ah, capisco!**), **digerire** (**diger-isco**) und **finire** *beenden* (**fini-sco, fin-isci** *usw.).* Insgesamt bilden diese Verben eine Untergruppe; sie sind in den Wörterlisten stets durch (**-isco**) gekennzeichnet:

prefer-ire

prefer-**isco**	*ich ziehe vor*
prefer-**isci**	*du ziehst vor*
prefer-**isce**	*er/sie zieht vor*
prefer-**isce**	*Sie ziehen vor*
prefer-**iamo**	*wir ziehen vor*
prefer-**ite**	*ihr zieht vor/Sie ziehen vor*
prefer-**iscono**	*sie ziehen vor*

1 Setzen Sie folgende Sätze in die richtige Reihenfolge, um den Dialog zwischen Stefano, Daniel und Franziska zu rekonstruieren:

a. In discoteca? No, preferisco passare una serata tranquilla. Vado a casa.
b. No, andiamo al cinema, stasera c'è un film molto interessante.
c. Ho voglia di un gelato, perchè non andiamo da „Mario"?
d. No, io non vengo al cinema. Preferisco andare in discoteca.

2 Marco und Paolo wollen etwas unternehmen. Ergänzen Sie den Dialog mit den richtigen Formen von **andare:**

a. Ciao Marco! Dove .... stasera?
b. Io ho voglia di .... al cinema e tu Paolo?
c. Perché non .... in discoteca?
d. No, io non .... in discoteca, c'è troppo rumore.
e. Dove .... Francesca e Michela?
f. Sono stanche, ... a dormire

3 Setzen Sie **a, al, alla, da** oder **in** ein:

a. Andiamo ..... Mario.
b. Andate ..... discoteca?
c. Siamo ..... villaggio turistico.
d. Sono stanca morta. Vado ..... dormire.
e. Vai ..... spiaggia ..... autobus?
f. Dove vai? Vado ..... Otranto.
g. Andiamo ..... bar ..... prendere un gelato?
h. Il biglietto si compra ..... tabaccheria e non ..... fermata.
i. Sono ..... casa.
l. Silvia non va ..... cinema.

4 Setzen Sie die fehlende Verbform ein:

a. Ciao Silvia, come (andare) ....?
b. Noi .... (ordinare) un caffè ristretto se (essere) .... stanchi.
c. Chi (desiderare) .... un caffè meno forte (prendere) .... un caffè macchiato.
d. Che cosa (prendere) .... gli italiani dopo i pasti?
e. Il signor Winkler (accettare) .... una grappa.
f. La signora (vendere) .... un biglietto in autobus.
g. Non mi piace la discoteca, (preferire) .... il cinema.
h. Noi non (avere) .... voglia di andare da Mario.
i. (Voi) (dormire) .... in spiaggia?
l. Daniel e Franziska (parlare) .... bene l'italiano.

5 Setzen Sie jeweils die passende Form der angegebenen Verben ein:

capire, digerire, dormire, preferire, sentire

a. Desideri un caffè? No, grazie, ... un'acqua minerale.
b. In discoteca c'è troppo rumore e non si .... niente.
c. Ecco Silvia, (noi) .... che cosa ha voglia di fare.
d. Al villaggio turistico si .... bene.
e. Prendo sempre una grappa dopo cena, perché non ....
f. Ragazzi, ... un'aranciata o un gelato?
g. Io non .... bene l'italiano.

Übungen

6 Übersetzen Sie folgende Sätze ins Italienische:

Daniel und Franziska gehen nicht ins Kino. Sie ziehen es vor, in die Disko zu gehen. Silvia ist todmüde und geht zu Bett. Franziska hat Lust auf ein Eis. Daniel kauft eine Fahrkarte im Bus, weil er keine hat (= ohne ist). Herr Winkler nimmt die Einladung an. Er geht mit der Familie zu den Lollis. Dieses Jahr sind die Gäste am Strand international. Es gibt eine französische Familie aus Paris und einen österreichischen Studenten aus Wien.

Parole incrociate

▶ **Orizzontali** *Waagerecht*

7 Preferisco passare una serata ..... ◆ 8 ..... grazie e tu? ◆ 9 Sono ..... morto. ◆ 11+13 C'è .... ◆ 14 Andiamo al .....? C'è un film interessante. ◆ 16 ..... c'è un film interessante. ◆ 17 Non ho ..... di andare in discoteca. ◆ 19 Parli come la .....! ◆ 20 Sentiamo .... ha voglia di fare Silvia.

▼ **Verticali** *Senkrecht*

1 Ho voglia di un ..... . Andiamo da „Mario"? ◆ 2 Sono stanco ..... ◆ 3 Vado a ..... ◆ 4 ..... passare una serata tranquilla. ◆ 5 Ma Franziska, ...?! ◆ 6 Ma Silvia, ... ?! ◆ 10 Ciao ragazzi, ... ? ◆ 12 Preferisco passare una ..... tranquilla. ◆ 14 ....., ragazzi! ◆ 15 Non si sente ..... ◆ 18 ..... Silvia, sentiamo ...

Lektion 8

Alla stazione F.S.

Zug fahren kann Stress ersparen, besonders in einem fremden Land. Außerdem sind die Zugfahrkarten in Italien wesentlich günstiger als in Deutschland. Auf einigen Strecken verkehren kleine Bummelzüge, in denen es sich mitzufahren besonders lohnt, z. B. an der Küste entlang. In vielen kleinen Bahnhöfen ist **la biglietteria** *der Fahrkartenschalter* abgeschafft worden, und Fahrkarten müssen Sie im voraus an bestimmten Verkaufsstellen (vor allem Tabakladen, Bars) kaufen oder im Zug nachlösen. In diesem Fall müssen Sie gleich zum Schaffner gehen, damit er genau weiß, wo Sie zugestiegen sind. Auch Familie Winkler entscheidet sich für einen Ausflug mit dem Zug.

Alla stazione F. S.

Signor Winkler: Vorrei quattro biglietti di andata e ritorno per Bari.

Impiegata: Di prima o di seconda classe?

Signor Winkler: Di seconda, per favore.

Impiegata: Sono 44 euro.

Signor Winkler: Scusi, a che ora parte il prossimo treno per Bari?

Impiegata: Che ore sono adesso? … Dunque, sono le 8 e tre quarti … Allora, alle 9 e cinque c'è un locale che ferma in tutte le stazioni. Alle 9.54 c'è un rapido, ma deve pagare un supplemento. Allora, con quale treno vuole partire?

Signor Winkler: Con il rapido. E da quale binario parte?

Impiegata: Dal binario 13. Sono 60 euro e 52 centesimi. Ecco a Lei i biglietti.

Signor Winkler: Scusi, ma il rapido è in orario?

Impiegata: Sì, sì, normalmente il rapido non è mai in ritardo.

Lektion 8

Neue Wörter und Ausdrücke

alla stazione	am Bahnhof
la ferrovia	die Eisenbahn
vorrei	ich möchte
4 biglietti di andata e ritorno	vier Fahrkarten hin und zurück
per Bari	nach Bari
di prima classe	erster Klasse
di seconda	zweiter Klasse
a che ora	um wie viel Uhr
partire	abfahren
il prossimo treno	der nächste Zug
che ore sono?	wie spät ist es?
dunque	also
sono le 8 e tre quarti	es ist drei viertel neun
un quarto	ein Viertel
alle 9 e cinque	um 9.05 Uhr
un locale	ein Bummelzug
che	der
fermare	halten
in tutte le stazioni	an allen Bahnhöfen
alle 9.54	um 9.54 Uhr
un rapido	ein IC-Zug
deve	(Sie) müssen
pagare	zahlen
un supplemento	ein Zuschlag
con quale treno	mit welchem Zug
vuole	wollen (Sie)
da quale binario	von welchem Gleis
dal binario 13	von Gleis 13
ecco a Lei	hier für Sie
è in orario	er ist pünktlich
un orario	ein Fahrplan
normalmente	normalerweise
non è mai in ritardo	er hat nie Verspätung
mezzo	halb

Lektion 8

Erklärungen

1 **Vorrei** bedeutet *ich möchte, ich hätte gern.*

Vorrei un caffè, per favore.
Ich möchte einen Kaffee, bitte.

Vorrei 4 biglietti.
Ich möchte 4 Fahrkarten.

2 Allora, con quale treno **vuole** partire?
Also, mit welchem Zug wollen Sie fahren?

Vuole ist die Höflichkeitsform von **volere** *wollen,* einem unregelmäßigen Verb, dessen Formen Sie am besten auswendig lernen:

voglio	*ich will*
vuoi	*du willst*
vuole	*er/sie will*
vuole	*Sie wollen*
vogliamo	*wir wollen*
volete	*ihr wollt/Sie wollen*
vogliono	*sie wollen*

Beachten Sie: Steht bei **volere** ein weiteres Verb, muss dieses unmittelbar auf die Form von **volere** folgen:

Vogliamo andare al cinema?
Wollen wir ins Kino gehen?

Erklärungen

3 Sie haben im Text gelesen:

C'è un locale che ferma in tutte le stazioni. *Es gibt einen Bummelzug, der an allen Bahnhöfen hält.* Hier bedeutet **che** *der.* **Che** bleibt unverändert auch für *die, das* oder *die/welche* (Plural):

C'è qualcuno **che** vende un biglietto? (*vgl.* L. 6)
Ist hier jemand, der eine Fahrkarte verkauft?

la limonata **che** Daniel ordina
die Limonade, die Daniel bestellt

la casa **che** è lì
das Haus, das dort ist

i turisti **che** sono in Italia
die Touristen, die in Italien sind

4 Il rapido parte **dal** binario 13.
Der Fernschnellzug fährt vom Gleis 13 ab.

Da verbindet sich mit **il, la, lo** zu einem Wort, ähnlich wie **a** (*vgl.* L. 6)

5 Sicher haben Sie **die Grundzahlen** am Fuß der Seiten entdeckt und sie Schritt für Schritt schon gelernt:

1	uno, una	12	dodici
2	due	13	tredici
3	tre	14	quattordici
4	quattro	15	quindici
5	cinque	16	sedici
6	sei	17	diciassette
7	sette	18	diciotto
8	otto	19	diciannove
9	nove	20	venti
10	dieci	30	trenta
11	undici	40	quaranta

50	cinquanta	80	ottanta
60	sessanta	90	novanta
70	settanta	91	novantuno

Achten Sie darauf, dass bei Zusammensetzungen mit 1 **(uno)** und 8 **(otto)** das vorausgehende **-i (vent-i)** oder **-a (trent-a, quarant-a** usw.) wegfällt: **ventuno** 21, **ventotto** 28, **trentuno** 31, **trentotto** 38, **quarantuno** 41, **quarantotto** 48 usw.
Hier noch ein Hinweis auf **die höheren Zahlen:**

cento	*hundert*
centouno	*hunderteins*
centodue	*hundertzwei*
centotré	*hundertdrei*
duecento	*zweihundert*
trecento	*dreihundert*
mille	*(ein)tausend*
duemila	*zweitausend*
tremila	*dreitausend*
quattromila	*viertausend*
un milione	*eine Million*

Achtung! **Mille** heißt *eintausend* und gilt nur für Verbindungen mit tausend wie z. B. 1200 **milleduecento,** 1803 **milleottocentotré,** usw. Ab 2000 heißt es **duemila,** 3000 **tremila,** 10 000 **diecimila** usw. **Mila** ist also die Mehrzahl von **mille.**

Erklärungen

6 Die Uhrzeit

Che ora **è?** *Wie spät ist es?*
Che ore **sono?**

Die Angabe der Uhrzeit steht meistens im Plural:

Sono le due. *Es ist zwei Uhr.*
Sono le cinque. *Es ist fünf Uhr.*

außer:
È l'una. *Es ist ein Uhr.*

Die Minuten werden hinzugezählt mit **e** *und;* ab zwanzig vor der vollen Stunde geben Sie entweder die volle Minutenzahl mit **e** an, oder ziehen die fehlenden Minuten mit **meno** *minus* ab:

Sono le tre **e** venti.
Es ist drei Uhr zwanzig.

Sono le quattro **e** un quarto.
Es ist Viertel nach vier.

Sono le due **e** mezzo.
Es ist halb drei.

Sono le sette **meno** venti.
Es ist zwanzig vor sieben.

Sono le otto **e** tre quarti.
Es ist drei viertel neun.

7 A che ora? *Um wie viel Uhr?/Um welche Zeit?*

A che ora c'è il prossimo treno per Bari?
Um wie viel Uhr geht der nächste Zug nach Bari?

A che ora andiamo al cinema?
Um welche Zeit gehen wir ins Kino?

Übungen

1 Markieren Sie die Zahlen, die Sie hören, in der Tabelle. Eine Zahl fehlt; welche?

2	3	4	11	14
15	17	21	24	28
40	48	90	97	100
101	112	113	1000	1900
1990	1999	2000	2001	2003

In der Tabelle fehlt die Nummer ....

2 Setzen Sie die richtigen Formen von **volere** ein:

a. (Io) non .... andare al cinema.
b. Con quale treno .... partire, signor Rossi?
c. Silvia .... andare a dormire.
d. Noi .... andare in discoteca.
e. Il signor Winkler non .... una grappa, preferisce un cappuccino.
f. Ragazzi, ... entrare?

3 Schreiben Sie folgende Zahlen aus:

21, 54, 13, 17, 28, 85, 18, 45, 67, 76, 93, 16, 19

4 **Che ore sono?** Beantworten Sie!

Beispiel: 8.10 – *Sono le otto e dieci.*

9.00, 1.15, 23.45, 16.37, 18.25, 11.40

Übungen

5 Beantworten Sie folgende Fragen nach dem Muster:

A che ora vai da Silvia? (6.40)
Alle sei e quaranta.

a. A che ora c'è il film (20.30)?
b. A che ora parte il treno per Bari? (10.45)
c. A che ora andate da Mario? (18.15)
d. A che ora prendono il cappuccino gli italiani? (8.00)
e. A che ora vanno in discoteca i ragazzi italiani ? (23.00)
f. A che ora volete partire? (11.37)

Das Hohenstaufenschloss in Bari

6 Setzen Sie die angegebenen Wörter ein:

a, con, da, di, per

a. È qui ..... la famiglia?
b. ..... dove siete? Siamo ..... Kassel.
c. Siete ..... Italia ..... la prima volta?
d. Un biglietto ..... andata e ritorno ..... Bari, ... favore.
e. ..... prima o ..... seconda classe?
f. ..... che ora parte l'autobus ..... il centro?
g. ..... 9.05.
h. ..... quale binario parte il rapido ..... Parigi?
i. ..... binario 11.
l. Il rapido non è ..... ritardo.
m. Il signor Winkler è ..... orario.

Alfabeto matto *Verrücktes Alphabet*
Schaffen Sie es, die hier versteckten Wörter zu finden? 9 sind waagerecht und 8 senkrecht.

G	O	I	S	E	C	O	N	D	A	R	S
A	R	T	U	R	I	T	A	R	D	O	T
C	A	M	P	R	O	S	S	I	M	O	A
S	R	A	P	I	D	O	N	Z	O	A	Z
B	I	G	L	I	E	T	T	O	R	C	I
I	O	Q	E	Z	U	R	R	O	L	H	O
N	O	R	M	A	L	M	E	N	T	E	N
A	H	I	E	U	O	L	N	Q	U	O	E
R	O	T	N	E	C	S	O	U	S	R	Q
I	V	O	T	R	A	N	D	A	T	A	I
O	C	R	O	P	L	U	S	L	I	T	T
L	U	N	I	A	E	Z	U	E	O	I	U
O	V	O	R	R	E	I	P	A	R	T	E

Lektion 9

(22)

Alla fine della giornata

Cin cin, alla salute! *Prost, zum Wohl!* Die Italiener trinken gerne ein Gläschen Wein am Abend vor dem Essen, im Stehen an der **bar**; sozusagen als Aperitif. Nach dem Essen wird es gemütlicher, einige bleiben sitzen und unterhalten sich oder spielen Karten. Unvermeidlich läuft auch der Fernseher als Geräuschkulisse, die keiner mehr wahrnimmt. Auch Herr Winkler sitzt nach einem schönen, aber anstrengenden Tag an der **bar** und unterhält sich mit dem Barkeeper.

Alla fine della giornata

Signor Winkler: Vorrei un cocktail dissetante! Ho una sete terribile.
Barista: Ma che cosa ha fatto oggi?
Signor Winkler: Ho passato una giornata eccezionale. Ho noleggiato un gommone e sono arrivato fino a Santa Maria di Leuca.
Barista: Ma no!?
Signor Winkler: Sì sì. Poi sono andato a visitare la chiesa dove ho incontrato un custode così gentile che è stato con me tutto il pomeriggio e ho imparato un sacco di cose interessanti. Dopo siamo andati insieme a bere un bicchiere di vino. Ma il ritorno è stato duro; sono partito già stanco e con questo caldo adesso sono proprio morto.
Barista: Accidenti! … Ecco il cocktail: alla salute!

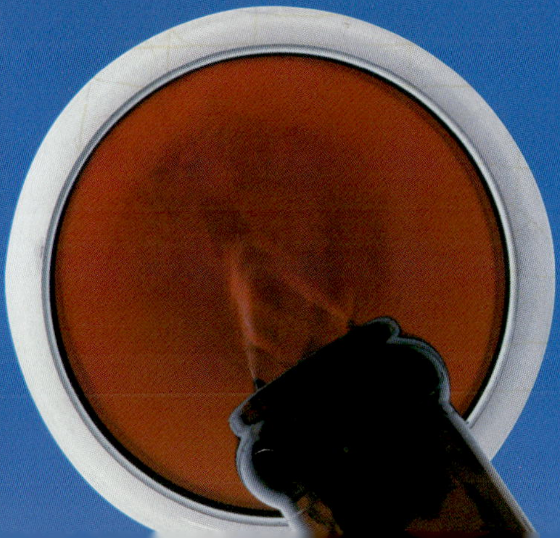

Neue Wörter und Ausdrücke

alla fine della giornata	am Ende des Tages
un cocktail dissetante	ein(en) Durstlöscher
ho una sete terribile	ich habe einen schrecklichen Durst
ha fatto (fare)	haben Sie getan
oggi	heute
ho passato (passare)	ich habe verbracht
eccezionale	außergewöhnlich, wunderbar
ho noleggiato (noleggiare)	ich habe gemietet
un gommone	ein Schlauchboot
sono arrivato (arrivare)	ich bin angekommen
fino a	bis
ma no!	aber nein!
sì sì	doch
poi	dann
sono andato (andare)	ich bin gegangen/gefahren
visitare	besichtigen
la chiesa	die Kirche
ho incontrato (incontrare)	ich habe getroffen
un custode	ein(en) Wächter
così … che	so … dass
è stato (essere)	er ist gewesen
con me	mit mir
tutto il pomeriggio	den ganzen Nachmittag
ho imparato (imparare)	ich habe gelernt
un sacco di	viel (wörtl.: ein Haufen von)
cose	Dinge
dopo	danach
siamo andati	wir sind gegangen
insieme	zusammen
bere	trinken
un bicchiere di vino	ein Glas Wein
il ritorno	die Rückfahrt
duro, -a	hart
sono partito (partire)	ich bin abgefahren
già	schon
con questo caldo	bei dieser Hitze
morto, -a	tot
accidenti!	Donnerwetter!
alla salute!	zum Wohl!

Erklärungen

1 Sie haben in Lektion 7 und 8 die Begriffe **la giornata** und **la serata** kennen gelernt, die parallel zu **il giorno, la sera** verwendet werden. Der Unterschied liegt im Verständnis des Zeitablaufs: Meint man den Tag bzw. den Abend als Ganzes und seinen Verlauf, so verwendet man **giornata** und **serata:**

Che giornata eccezionale!
Was für ein wunderbarer Tag!

Che serata tranquilla!
Was für ein ruhiger Abend!

2 Das Verb **fare** *tun, machen* ist unregelmäßig. Das Präsens lautet:

faccio	*ich tue, mache*
fai	*du tust, machst*
fa	*er/sie tut, macht*
fa	*Sie tun, machen*
facciamo	*wir tun, machen*
fate	*ihr tut, macht*
	Sie tun, machen
fanno	*sie tun, machen*

3 Auch **bere** *trinken* ist leider unregelmäßig:

bevo	*ich trinke*
bevi	*du trinkst*
beve	*er/sie trinkt*
beve	*Sie trinken*
beviamo	*wir trinken*
bevete	*ihr trinkt/Sie trinken*
bevono	*sie trinken*

4 Im Text dieser Lektion haben Sie bereits **die Vergangenheitsform** kennen gelernt:

Ho passato una giornata eccezionale.
Ich habe einen wunderbaren Tag verbracht.

Sono partito già stanco.
Ich bin schon müde abgefahren.

Die Vergangenheitsform wird wie im Deutschen mithilfe von **avere** *haben* und **essere** *sein* gebildet. Für Verben der Bewegung wie **andare, partire, arrivare** nimmt man **essere** und für alle anderen

Verben **avere**. Allerdings gibt es hier einige Ausnahmen.

Ausgehend von der Grundform des jeweiligen Verbs, lauten die mit **essere** oder **avere** verbundenen Formen der drei Verbklassen für die Vergangenheit wie folgt:

1. Verbklasse
and-are: and-**ato** *gegangen*
impar-are: impar-**ato** *gelernt*

2. Verbklasse
vend-ere: vend-**uto** *verkauft*
vol-ere: vol-**uto** *gewollt*

3. Verbklasse
part-ire: part-**ito** *abgefahren*
dorm-ire: dorm-**ito** *geschlafen*

Es gibt aber eine Reihe von Verben, die unregelmäßig sind und auf die wir Sie in den folgenden Lektionen hinweisen möchten, wie z. B.:

fare: ho **fatto** *ich habe getan/gemacht*
bere: ho **bevuto** *ich habe getrunken*
essere: sono **stato, -a** *ich bin gewesen*

Beachten Sie: Wenn **essere** das Hilfsverb ist, so verhält sich der zweite Teil der Vergangenheitsform (z. B. **andato, partito**) wie ein Adjektiv auf **-o, -a** *(vgl.* Lektion 4), d. h. seine Endung ist veränderlich.

andare *gehen*
sono andat**o, -a**
ich bin gegangen/gefahren
sei andat**o, -a**
du bist gegangen/gefahren
è andat**o, -a**
er/sie ist gegangen/gefahren
è andat**o, -a**
Sie sind gegangen/gefahren
siamo andat**i, -e**
wir sind gegangen/gefahren
siete andat**i, -e**
ihr seid gegangen/gefahren
Sie sind gegangen/gefahren
sono andat**i, -e**
sie sind gegangen/gefahren

5 Erinnern Sie sich an **un po' di latte** *ein bisschen Milch?* Benutzen Sie **di** ebenso in: **un bicchiere di vino** *ein Glas Wein,* **un bicchiere di acqua minerale** *ein Glas Mineralwasser,* usw.

6 **Con questo caldo** bedeutet *bei dieser Hitze.* Lernen Sie dazu auch: **con questo freddo** *bei dieser Kälte.*

Übungen

1 Kreuzen Sie die richtige Antwort an:

a. Che cosa avete fatto oggi?

☐ Ho fatto un sacco di cose interessanti.
☒ Abbiamo visitato una chiesa.
☐ Avete passato una giornata eccezionale.

b. Dove è andata?

☒ Sono andata a Roma.
☐ Siamo andati a mangiare al ristorante.
☐ Sono andato a bere qualcosa.

c. Dove è stato?

☐ Sono stati al villaggio turistico.

☐ È stato a casa.
☐ Sono stata in spiaggia.

d. Che cosa hanno bevuto?

☐ Ho bevuto un caffè corretto con la grappa.
☐ Hanno bevuto due aperitivi e un po' di acqua.
☐ Avete bevuto un bicchiere di vino e due cappuccini.

2 Herr Winkler unterhält sich mit einem Freund. Setzen Sie die fehlenden Verbformen der Vergangenheit ein:

a. Che cosa (fare) .... oggi?
b. Oggi (andare) .... a S. Maria di Leuca.
c. Accidenti! con questo caldo! E che cosa (fare) .... lì?
d. (andare) .... a visitare la chiesa.
e. Lì (incontrare) .... un custode gentile che (stare) .... con me tutto il pomeriggio.
f. (imparare) .... un sacco di cose interessanti e dopo (andare) .... a bere insieme un bicchiere di vino.

3 Beantworten Sie folgende Fragen zum Text. Beispiel:

Dove è andato il signor Winkler?
È andato a S. Maria di Leuca.

a. Che cosa ha visitato?
b. Chi ha incontrato?
c. Che cosa ha imparato?
d. Dove è andato con il custode?
e. Come è partito?
f. Perché ha ordinato un cocktail?
g. Che cosa ha noleggiato?

4 Angenommen, die Winklers hätten den Tag zusammen verbracht, wie würden dann die Fragen und Antworten lauten?

5 Frau Winkler erzählt, wie sie ihren Tag verbracht hat. Setzen Sie die richtige Verbform ein:

a. Oggi (andare) .... alla spiaggia.
b. Lì (parlare) .... con il bagnino e poi (andare) .... al bar.
c. Al bar (bere) .... un caffè e (incontrare) .... una signora francese.
d. Insieme (andare) .... a visitare una chiesa.
e. (passare) .... una bella giornata!

6 Setzen Sie die in Klammer angegebenen Verben im Präsens ein:

a. Io .... un'aranciata, e tu che cosa ....? (bere)
b. Il signor Winkler .... un sacco di cose interessanti. (fare)
c. Noi .... un cocktail dissetante, e voi che cosa ....? (bere)
d. Ragazzi, che cosa .... oggi? Noi non .... niente. (fare)
e. E i signori Winkler che cosa .... oggi? (fare)

Lektion 10

Nel negozio di alimentari

Die vielen kleinen **alimentari** *Lebensmittelläden* in Italien haben sich trotz der Supermärkte gehalten. Sie sind zum Bersten voll mit Waren. Die Verkäufer sind oft die Inhaber des Geschäftes und beim Bedienen plaudern sie gern mit den bekannten Kunden. Sie werden bestimmt auch Sie fragen **da dove viene?** *woher kommen Sie?* oder **quanto tempo resta qui?** *wie lange bleiben Sie hier?!* Wundern Sie sich nicht, wenn Sie nicht gesiezt werden, in Italien duzt man sich viel schneller als in Deutschland, vor allem, wenn man gleich alt ist. Lebensmittelläden sind vormittags von 8.30/9.00 bis 12.30, nachmittags von 15.30/16.00 bis 19.30 von Montag bis Samstag geöffnet und meistens Mittwochnachmittag geschlossen. Unsere Frau Winkler **fa la spesa** *geht Einkaufen* und entdeckt die Vielfalt des Angebots.

Nel negozio di alimentari

Signora Winkler: Un etto di prosciutto crudo e due etti di salame, per favore.

Commessa: Salame milanese, ungherese o toscano?

Signora Winkler: Mamma mia! Che varietà. Uno piccante, per favore.

Commessa: Bene.

Signora Winkler: Posso assaggiare un po' di pecorino?

Commessa: Certo, ecco.

Signora Winkler: Ehmmm, che buono! Allora facciamo due etti di formaggio.

Commessa: Altro?

Signora Winkler: Ah, sì, devo prendere un po' di ricotta magra per mia figlia. Sa, fa la dieta e non deve mangiare cibi grassi. Vorrei anche tre panini, mezzo chilo di burro e dieci uova.

Commessa: Ecco a Lei.

Signora Winkler: Ha anche frutta?

Commessa: No, mi dispiace, deve andare dal fruttivendolo che è nella strada qui accanto. A posto così, signora?

Signora Winkler: No, ancora un pacco di sale e uno di zucchero, grazie. Quant'è?

Commessa: 12 euro. Ecco a Lei. Grazie signora, e buona giornata.

Neue Wörter und Ausdrücke

fa la spesa	(sie) geht einkaufen
nel negozio di alimentari	im Lebensmittelgeschäft
un etto di	100 Gramm (von)
il prosciutto	der Schinken
crudo	roh
due etti di	200 Gramm (von)
il salame	die Salami
milanese	Mailänder
ungherese	ungarisch
toscano, -a	toskanisch
mamma mia	meine Güte
che varietà	was für eine Vielfalt/Auswahl
piccante	scharf(e)
posso	darf ich
assaggiare	probieren/kosten
il pecorino	der Schafskäse
certo	sicher
che buono, -a	wie gut
il formaggio	der Käse
altro?	noch etwas?
devo	ich muss
la ricotta	der Frischkäse, ähnlich wie Quark

magro, -a	mager
sa	wissen Sie
la figlia	die Tochter
fa la dieta	macht eine Diät
non può mangiare	darf nicht essen
cibi grassi	fette Speisen
il panino	das Brötchen/die Semmel
mezzo chilo di	ein halbes Kilo
il burro	die Butter
le uova (*Singular:* l'uovo)	die Eier
la frutta	das Obst
mi dispiace	es tut mit Leid
deve andare	Sie müssen gehen
dal fruttivendolo	zum Obsthändler
nella strada	in die/der Straße
qui accanto	hier nebenan
a posto così?	ist das alles?
ancora	noch
un pacco di sale	eine Packung Salz
lo zucchero	der Zucker
buona giornata!	einen schönen Tag!

Erklärungen

1 Im Text sind Ihnen folgende Formen begegnet:

devo prendere	*ich muss nehmen*
devo andare	*ich muss gehen*

Dovere *müssen* ist ein unregelmäßiges Verb:

devo	*ich muss*
devi	*du musst*
deve	*er/sie muss*
deve	*Sie müssen*
dobbiamo	wir müssen
dovete	ihr müsst/Sie müssen
devono	sie müssen

2 **Posso assaggiare?**
Darf/Kann ich probieren?

Posso ist eine Form des unregelmäßigen Verbs **potere,** das sowohl *können* als auch *dürfen* bedeutet:

posso	*ich kann/darf*
puoi	*du kannst/darfst*
può	*er/sie kann/darf*
può	*Sie können/dürfen*
possiamo	*wir können/dürfen*
potete	*ihr könnt/dürft/ Sie können/dürfen*
possono	*sie können/dürfen*

3 Sa, mia figlia fa la dieta!
Wissen Sie, meine Tochter macht eine Diät.

Schon in Lektion 6 sind Sie dem Satz **non lo sa?** *Wissen Sie es nicht?* begegnet; **sa** ist eine Form des unregelmäßigen Verbs **sapere** *wissen:*

so	*ich weiß*
sai	*du weißt*
sa	*er/sie weiß*
sa	*Sie wissen*
sappiamo	*wir wissen*
sapete	*ihr wisst/Sie wissen*
sanno	*sie wissen*

4 Wie **a** und **da** (*vgl.* L. 6, L. 8) verschmilzt auch **in** mit **il, la, lo, i** und **le,** und zwar zu **nel, nella, nello, nei** oder **nelle, negli:**

nel negozio di alimentari
im Lebensmittelgeschäft

nella strada qui accanto
in der Straße hier nebenan

Deve andare dal fruttivendolo.
Sie müssen zum Obsthändler gehen.

Aus Lektion 7 wissen Sie, dass eine Bewegung zu einer Person durch **da** eingeleitet wird. Dabei verschmilzt auch **da** mit **il, la, lo, i, le** (*vgl.* L. 8) zu **dal, dalla, dallo, dai** oder **dalle.**

5 un etto di prosciutto
hundert Gramm Schinken

un pacco di sale
eine Packung Salz

mezzo chilo di burro
ein halbes Kilo Butter

Vergessen Sie nicht das **di** nach einer Mengenangabe! Es wird im Deutschen nicht übersetzt (*vgl.* L. 9).

Übungen

1 Unterstreichen Sie in jeder Reihe das Wort, das nicht dazugehört.

a. prosciutto, salame, pecorino, gommone, formaggio
b. sale, zucchero, frutta, panino, orario
c. vino, dieta, acqua, aranciata, grappa,
d. locale, rapido, fruttivendolo, supplemento, binario
e. automatico, francese, tedesco, austriaco, italiano
f. ristretto, lungo, macchiato, gentile, corretto

2 Bilden Sie sieben Sätze:

Quando posso	un gelato?
Sa che	fare la dieta.
Dovete	la villetta è proprio bella?
Vuoi	prendere un autobus.
Può	visitare la chiesa?

....
....
....
....
....
....
....

3 Beantworten Sie die Fragen zum Text:

a. Dove va la signora Winkler?
b. Che cosa vuole assaggiare?
c. Che cosa deve prendere?
d. Perché compra la ricotta?
e. Che salame compra?
f. Com'è il prosciutto?
g. Quanti panini compra?
h. La commessa ha anche frutta?
i. Dove deve andare la signora Winkler per comprare la frutta?

4 Setzen Sie die passende Form von **dovere, potere** oder **sapere** ein:

a. Scusi, ... assaggiare un po' di pecorino?
b. Ah, sì, ... prendere un po' di ricotta magra.
c. Mia figlia non .... mangiare cibi grassi.
d. Mi dispiace, ma (Lei) .... andare dal fruttivendolo.
e. Il biglietto si compra a terra. Non lo (Lei) ....?
f. Noi .... che il biglietto non si compra in autobus.
g. I Winkler non .... mangiare cibi grassi.
h. Ragazzi, ... fare la spesa?
i. (noi) .... assaggiare un po' di ricotta?

5 Setzen Sie **a, da, di, in** mit oder ohne **il/lo/la** ein:

a. Vorrei mezzo chilo ..... burro.
b. Facciamo due etti ..... formaggio.
c. Vado ..... negozio ..... alimentari ..... fare la spesa.
d. Se vuole la frutta, deve andare ..... fruttivendolo.
e. Ragazzi, andiamo ..... cinema stasera?
f. Andiamo ..... discoteca?
g. No, andiamo ..... Mario ..... prendere un gelato.
h. Signora, desidera un bicchiere ..... acqua minerale?

Übungen

6 Übersetzen Sie ins Italienische:
Daniel und ich gehen einkaufen. Wir gehen zum Lebensmittelgeschäft und kaufen den Käse ein, den wir probiert haben. Wir nehmen 200 Gramm Schafskäse und eine Packung Zucker für das Frühstück. Franziska macht eine Diät und darf keine fetten Speisen essen. Herr Winkler hat einen schönen Tag verbracht. Er hat ein Schlauchboot gemietet und ist bis zur Kirche von Santa Maria di Leuca gefahren. Dort hat er einen freundlichen Wächter getroffen, und zusammen sind sie ein Glas Wein trinken gegangen.

Parole incrociate

Schaffen Sie es, alle angegebenen Wörter in unserer Rätselschema einzutragen? Ein Tipp: Fangen Sie am besten mit den längsten senkrechten Wörtern an, die sich mit der Zeile **„negozio di alimentari“** schneiden. Sie werden schnell bemerken, dass es auf die Anzahl der Buchstaben der einzusetzenden Wörter ankommt …

▶ **Orizzontali** *Waagerecht*

mi piace
dieta
grasso
no
cibi
uova
ricotta
perché
magro
spesa
prosciutto
in

▼ **Verticali** *Senkrecht*

burro
pecorino
mi dispiace
varietà
panino
pacco
fruttivendolo
crudo
frutta
sale
assaggiare
zucchero

Lektion 11

Ein **ristorante** im Schatten einer Weinpergola, Tische mit weißen Decken, eine leichte Brise und Blick aufs Meer! Kleine idyllische Restaurants sind leicht an der Küste zu finden. Spezialität des Hauses ist meist ein Fischgericht, mit Liebe und Können zubereitet. Lassen Sie sich vom Ober beraten! Beachten Sie, dass man in Italien immer pro Person etwas für das **coperto** *Gedeck* zahlt. Wenn **alla romana** gezahlt wird, zahlt jeder zwar seine eigenen Speisen, Getränke und das **coperto,** die Kellner erstellen aber in der Regel nur eine Gesamtrechnung. Es ist unüblich, sich von der Bedienung seinen Anteil ausrechnen zu lassen. Trinkgeld lässt man auf dem Tisch liegen, und vor dem Verlassen des Lokals muss man die **ricevuta fiscale** *Quittung* mitnehmen, die Sie bei einer eventuellen Kontrolle der Finanzpolizei benötigen.

Auch Herr und Frau Winkler gehen am Abend in ein Restaurant. Dort treffen sie die Lollis, die sie zu sich an den Tisch bitten, da das Lokal voll ist. In Italien ist es sonst eigentlich nicht üblich, sich zu anderen Gästen an den Tisch zu setzen, auch wenn nur dort noch freie Plätze sind.

Al ristorante

Signor Winkler: Buonasera. Siamo in quattro.
Cameriere: Buonasera. Mi dispiace, ma tutti i tavoli sono occupati.
Signora Winkler: Oh, peccato!
Signor Lolli: Ah, signor Winkler! Signora! Anche Voi qui! Accomodatevi! Cameriere, i signori si siedono qui con noi.
Signor Winkler: Grazie, molto gentile da parte Sua!
Signor Lolli: Ma di niente!
Signora Winkler: Che cosa ci consiglia, Signor Lolli?
Signor Lolli: Vi consiglio i tortellini, che sono la specialità della casa.
Signora Winkler: Ma sono ripieni di carne, vero? Le dico la verità, la carne non mi piace, sono vegetariana.
Signora Lolli: Allora Le consiglio un risotto con gli asparagi e verdure alla griglia con un po' di olio.
Signor Winkler: Ma Voi siete di casa qui?!
Signora Lolli: Be', veniamo qui tutti gli anni in vacanza e ceniamo spesso qui perché si mangia davvero bene ... Buon appetito!
Signora Winkler: Ottime queste verdure, mi sono piaciute molto!
Signor Winkler: Sentite, siccome siete stati così gentili con noi, Vi offriamo noi la cena! Siete nostri ospiti. Adesso chiamo il cameriere e gli chiedo il conto.
Signor Lolli: Ma per carità! Facciamo alla romana!

Neue Wörter und Ausdrücke

al ristorante	im Restaurant
in quattro	zu viert
tutti i tavoli	alle Tische
il tavolo	der Tisch
occupato, -a	besetzt
si siedono	(sie) setzen sich
da parte Sua	Ihrerseits
di niente	keine Ursache
ci consiglia (-are)	Sie empfehlen uns
vi consiglio	ich empfehle euch/Ihnen
la specialità della casa	die Spezialität des Hauses
ripieno di	gefüllt mit
la carne	das Fleisch
Le dico	ich sage Ihnen
la verità	die Wahrheit
non mi piace	es schmeckt mir nicht
vegetariano, -a	Vegetarier(in)
gli asparagi (*Pl.*)	der Spargel
la verdura	das Gemüse
alla griglia	gegrillt
l'olio	das Öl
Lei è di casa qui?	Sie sind Stammgast hier?
veniamo (-ire)	wir kommen
tutti gli anni	jedes Jahr
cenare	zu Abend essen
spesso	oft
buon appetito	guten Appetit
davvero	wirklich
ottimo, -a	ausgezeichnet
mi sono piaciute	sie haben mir geschmeckt
siccome	da
offrire la cena	zum Abendessen einladen
nostro, -a	unser, -e, -es
siete nostri ospiti (*feste Redewendung*)	Sie sind unsere Gäste
chiamo (-are)	ich rufe
gli chiedo (-ere)	ich frage ihn (nach)
il conto	die Rechnung
per carità	um Gottes willen
facciamo alla romana	jeder zahlt für sich
solo, -a	allein

Lektion 11

Erklärungen

1 **Siamo in quattro** *Wir sind zu viert.* Genauso: **in due** *zu zweit,* **in tre** *zu dritt,* usw. Aber: **sono solo, -a** *ich bin allein.*

2 Ob Sie es bemerkt haben?

tutti i tavoli	*alle Tische*
tutti gli anni	*alle Jahre*
tutte le cabine	*alle Kabinen*

Nach **tutti, -e** folgt vor dem Substantiv stets der bestimmte Artikel **i, gli** oder **le.**

Erklärungen

3 Sie haben im Text gesehen:

La carne non mi piace.
Fleisch schmeckt mir nicht.
Che cosa ci consiglia?
Was empfehlen Sie uns?
Vi consiglio ...
Ich empfehle euch/Ihnen ...

Den deutschen **Pronomen im Dativ** *(Wem-Fall)*:

mir	*dir*	*ihr*	*ihm*
Ihnen	*uns*	*euch*	*ihnen*

entsprechen im Italienischen:

mi	ti	le	gli
Le	ci	vi	gli

Sie stehen immer vor dem Verb:
mi piace *es gefällt mir*

Die Verneinung **non** steht vor dem Pronomen: **non mi piace** *es gefällt mir nicht.*

4 **Chiedere** ist eines der wenigen Verben, bei denen der Gebrauch des Pronomens nicht mit dem Deutschen übereinstimmt (*Wem-Fall* anstatt *Wen-Fall*). Ich frage *dich* heißt im Italienischen eigentlich: ich frage *dir* **io ti chiedo,** wir fragen *ihn* eigentlich: wir fragen *ihm* **noi gli chiediamo:**

Gli chiedo il conto.
Ich frage ihn nach der Rechnung.

5 **Mi piace** ist eine Form des Verbs **piacere** *gefallen, schmecken:*

La carne non mi piace.
Fleisch schmeckt mir nicht. aber:
I tortellini mi piacciono molto.
Tortellini schmecken mir sehr gut.

In der Vergangenheit benutzt man als Hilfsverb **essere** – im Gegensatz zum Deutschen; **piacere** verändert sich zu **piaciuto** und verhält sich wie ein Adjektiv auf **-o, -a** (*vgl.* L. 9):

Questo vino mi **è** piaciut**o.**
Dieser Wein hat mir geschmeckt.
La carne non mi **è** piaciut**a.**
Das Fleisch hat mir nicht geschmeckt.
Queste camere mi **sono** piaciut**e** molto.
Diese Zimmer haben mir sehr gefallen.
I film francesi mi **sono** piaciut**i.**
Die französischen Filme haben mir gefallen.

Lektion 11

Erklärungen

6 Im Text haben Sie gelesen: **dico la verità** *Ich sage die Wahrheit* und **veniamo tutti gli anni** *Wir kommen jedes Jahr.*
Dico und **veniamo** sind Formen der unregelmäßigen Verben **dire** *sagen* und **venire** *kommen:*

dire	*sagen*	**venire**	*kommen*
dico	*ich sage*	vengo	*ich komme*
dici	*du sagst*	vieni	*du kommst*
dice	*er/sie sagt*	viene	*er/sie kommt*
dice	*Sie sagen*	viene	*Sie kommen*
diciamo	*wir sagen*	veniamo	*wir kommen*
dite	*ihr sagt*	venite	*ihr kommt*
dicono	*sie sagen*	vengono	*sie kommen*

7 **La specialità della casa** die Spezialität des Hauses. Aus Lektion 9 kennen Sie auch bereits: **alla fine della giornata** *am Ende des Tages;* **della** entsteht aus **di + la;** aus **di + il** wird **del,** aus **di + lo** wird **dello,** usw., wie Sie es von **a, da, in** bereits kennen (*vgl.* L. 6, L. 8, L. 10).

Lektion 11

Übungen

1 Lebensmittel, Getränke... Füllen Sie die drei Spalten mit den angegebenen Wörtern. Bei den Substantiven schreiben Sie die Artikel dazu.

chiedere, consigliare, olio, offrire, grappa, asparagi, liquore, carne, verdura, sedersi

Lebensmittel	Getränke	Verben
l'olio gli asparagi la carne la verdura	la grappa il liquore	chiedere consigliare offrire sedersi

2 Setzen Sie die Sätze in die richtige Reihenfolge und rekonstruieren Sie den Dialog:

2 a. No, non mi piace, sono vegetariana.
6 b. Davvero ottimo questo risotto!
3 c. Allora, le consiglio i tortellini.
1 d. Signora, Le piace la carne?
5 e. Ah, è vero! Allora Le consiglio il risotto con asparagi e verdure.
4 f. Ma i tortellini sono ripieni di carne, vero?

Übungen

3 Setzen Sie die Formen der unregelmäßigen Verben ein:

a. (Noi-venire) .... qui tutti gli anni.
b. (Io-dire) Le .... la verità. La carne non mi piace.
c. (Noi-fare) .... alla romana!
d. Dove (voi-andare) .... a cena?
e. (Voi-volere) .... venire anche voi al cinema?
f. Ci dispiace, ma (noi-dovere) .... andare a dormire.
g. Che cosa (voi-fare) .... oggi pomeriggio?
h. Mi dispiace, non (io-potere) .... venire al cinema.
i. Anche Mario e Luisa (venire) .... in discoteca.
l. Mario (dire) .... che è stanco.
m. La famiglia Lolli (venire) .... in vacanza qui tutti gli anni.
n. (Loro-dire) .... che sono stanchi.
o. (Noi-dire) .... a Pia di venire con noi?
p. (Voi-venire) .... anche voi?

4 Setzen Sie die richtigen Formen von **piacere** ein:

a. La carne non mi ....
b. Le .... la verdura?
c. Sì, mi .... tutte le verdure.
d. Ha provato la specialità della casa? Le ....?
e. Mi ha consigliato bene, queste verdure mi .... molto.
f. Ti .... il film ieri sera?
g. Non sono andato al cinema, sono andato al ristorante e ho mangiato una pizza che .... molto.
h. Ti .... la famiglia Lolli?

5 Setzen Sie **mi, ti, gli, Le, ci, vi, gli** sinngemäß ein:

a. Signora Winkler, la carne ..... piace?
b. Signora Lolli, ... (*mir*) consiglia un risotto?
c. Chiama il cameriere e ..... chiede il conto?
d. ..... (*uns*) consiglia i tortellini?
e. Mario, ... sono piaciute le verdure?
f. Ragazzi, ... è piaciuto il film?
g. I signori Winkler hanno assaggiato la pizza? ..... è piaciuta?

6 Beantworten Sie die Fragen der Übung 5 und verneinen Sie sie:

a. Signora Winkler, la carne Le piace?
No, non mi piace.
usw.

Lektion 12

Fontana *Brunnen* del Nettuno, Roma

Frau Winkler ruft ihre ehemalige Italienischlehrerin an, die in Rom wohnt. Wenn man anruft, meldet sich der Angerufene mit **Pronto?** oder **Pronto, chi parla?** *Wer spricht?* nicht aber mit seinem Namen.

Rom, die Stadt der Städte, mit ihrer glanzvollen Vergangenheit, lässt sich auch allein und ohne Führer entdecken. Wenn Sie aber Hindernisse wie geschlossene Museen vermeiden möchten, rufen Sie am besten an. Öffentliche Telefonzellen sind überall, auch in Bars und Restaurants.

Von manchen Telefonapparaten auf der Post oder in Bars kann man **a scatti** telefonieren, d.h. man bezahlt die Einheiten hinterher. Normalerweise braucht man aber Münzen zu 10, 20, 50 Cent oder 1 Euro, oder eine Telefonkarte. Auch in Italien richten sich die Preise der Ferngespräche nach Entfernung und Tageszeit. Nach 22.00 Uhr und bis 8.00 früh sind Gespräche am günstigsten, ebenso am Wochenende und an Feiertagen.

Una telefonata

Una telefonata

Signor Benedetti: Pronto?
Signora Winkler: Pronto, sono Ursula Winkler. C'è la signora Gloria?
Signor Benedetti: Un attimo, prego.
Gloria: Pronto, chi parla?
Signora Winkler: Buongiorno, sono Ursula Winkler. Una ex alunna di Kassel. Sono qui a Roma.
Gloria: Ah, che bello! Ma che cosa fa in Italia?
Signora Winkler: Sono qui in vacanza da una settimana.
Gloria: È qui con la famiglia, immagino.
Signora Winkler: Sì, siamo rimasti per qualche giorno a Otranto, ma poi è piovuto e così abbiamo deciso di partire per Roma.
Gloria: Avete già visitato la città?
Signora Winkler: No, siamo arrivati ieri sera. Oggi, dopo un giro per la città, ho deciso di visitare i Musei Vaticani, ma come spesso succede in Italia i musei sono chiusi il pomeriggio.
Ho passato qualche ora in una libreria lì vicino, dove ho trovato una guida molto interessante che ho poi letto in un caffè in Piazza Navona.
Gloria: Allora non ha visto il museo, che peccato!
Signora Winkler: No, no. Ci ritorno domattina quando è aperto.
Gloria: Però, signora Ursula, come parla bene l'italiano! Non ha dimenticato niente.
Signora Winkler: Eh, molto gentile, ma purtroppo non ho mai tempo di studiare e in Germania non parlo con nessuno l'italiano!
Gloria: Ma perché non ci vediamo domani pomeriggio? Possiamo prendere un caffè insieme!
Signora Winkler: Volentieri, accetto con piacere!

Neue Wörter und Ausdrücke

una telefonata	ein Telefongespräch
pronto	hallo
un attimo	einen Augenblick
chi parla?	wer ist am Apparat?
una ex alunna	eine ehemalige Schülerin
da una settimana	seit einer Woche
immagino (-are)	ich nehme an
siamo rimasti	wir sind geblieben
per qualche giorno	(für) einige Tage
è piovuto	es hat geregnet
abbiamo deciso di	wir haben beschlossen zu
avete visitato...?	haben Sie... besichtigt?
la città	die Stadt
siamo arrivati	wir sind angekommen
ieri sera	gestern Abend
un giro	ein(e) Rundgang, -fahrt
per la città	durch die Stadt
ho deciso di	ich habe beschlossen zu
i Musei Vaticani	die Museen des Vatikans
succede	es passiert
sono chiusi	sie sind geschlossen
il pomeriggio	am Nachmittag
qualche ora	einige Stunden
la libreria	die Buchhandlung
la guida	der Reiseführer
ho letto	ich habe gelesen
ha visto	Sie haben gesehen
ritorno (-are)	ich gehe noch einmal
domattina	morgen Vormittag
è aperto	es ist geöffnet
ha dimenticato (-are)	Sie haben vergessen
purtroppo	leider
non ho mai tempo di	ich habe nie Zeit, zu...
studiare	lernen, studieren
nessuno	niemand
ci vediamo	wir sehen uns
volentieri	gern
con piacere	mit Vergnügen

Erklärungen

1 Passen Sie auf beim **Gebrauch von qualche** *einige!*

qualche or**a**	*einige Stunden*
qualche giorn**o**	*einige Tage*

Nach **qualche** steht das Substantiv immer in der Einzahl, obwohl wie im Deutschen die Mehrzahl gemeint ist.

2 Beachten Sie:

Non ha dimenticato **niente?**
Haben Sie nichts vergessen?

Non parlo con **nessuno** l'italiano.
Ich spreche mit niemandem Italienisch.

Non ho **mai** tempo die studiare!
Ich habe nie Zeit zum Lernen!

In Verbindung mit **niente** *nichts,* **nessuno** *niemand*, **mai** *nie* muss im Italienischen **non** vor dem Verb stehen. **Non** hat hier eine verstärkende Funktion.

3 Inzwischen sind Ihnen schon etliche Verben auf **-ere** begegnet, die ihre Grundform in der **Vergangenheit** unregelmäßig verändern:

decidere beschließen	ho **deciso** *ich habe beschlossen*
leggere lesen	hai **letto** *du hast gelesen*
vedere sehen	ha **visto** *er hat gesehen*
rimanere bleiben	sono **rimasto, -a** *ich bin geblieben*

Außerdem kennen Sie: **chiuso** *geschlossen* und **aperto** *geöffnet.* Sie können also auch die Vergangenheit von **chiudere** *schließen* und **aprire** *öffnen* bilden:

ho chiuso	*ich habe geschlossen*
ho aperto	*ich habe geöffnet*

4 Zu **rimanere** *bleiben* sollten Sie sich noch merken, dass bei den Präsensformen mit **io** und **loro** ein *g* vor der Endung eingeschoben wird:

riman**g**o	*ich bleibe*
rimani	*du bleibst*
rimane	*er/sie bleibt*
rimaniamo	*wir bleiben*
rimanete	*ihr bleibt*
riman**g**ono	*sie bleiben*

5 Inzwischen kennen Sie folgende Fragewörter:

Che cosa?	*Was?*
Chi?	*Wer?*
A chi?	*Wem?*
Con chi?	*Mit wem?*
Come?	*Wie?*
Dove?	*Wo? Wohin?*
Di dove?	*Woher?*
Quale?	*Welche, -r, -s?*
Con quale?	*Mit welchem, -r?*
Perché?	*Warum?*
Quando?	*Wann?*
Quanto?	*Wie viel?*

Erklärungen

6 Einige Substantive bleiben im Plural unverändert:

Singular		*Plural*	
la città	*die Stadt*	le città	*die Städte*
il caffè	*der Kaffee*	i caffè	*die (Tassen) Kaffee*
	das Café		*die Cafés*
il tassì	*das Taxi*	i tassì	*die Taxis*

Ebenso verhalten sich alle Substantive, die auf Konsonant enden (in der Regel handelt es sich um Fremdwörter):

il bar – i bar; il film – i film; il tram – i tram *die Straßenbahnen.*

Beachten Sie aber auch:

il cinema – i cinema *(m) das Kino, die Kinos*
l'auto – le auto *(f) das Auto, die Autos*

Übungen

1 Formulieren Sie die folgenden Sätze nach dem Muster um:

Sono qui da molti giorni.
Sono qui da qualche giorno.

a. Ho visitato molti musei.
b. Ho visto molte chiese.
c. Ho passato molte ore in libreria.
d. Abbiamo fatto molte telefonate.
e. Ho parlato con molti ragazzi.
f. In spiaggia ho visto molti stranieri.
g. Al ristorante ho assaggiato molti formaggi!

2 Vervollständigen Sie die folgenden Sätze mit **mai, nessuno, niente:**

a. Non sono ...mai... stato a Otranto.
b. Oggi non ho visto proprio ...niente..., i musei sono tutti chiusi.
c. Non c'è ...nessuno... al bar.
d. No, ...nessuno... vuole venire con me.

3 Beantworten Sie die folgenden Fragen mit **mai, nessuno, niente:**

a. Chi hai visto in spiaggia? Non ho visto nessuno
b. Che cosa hai fatto ieri? non – niente
c. Hai già mangiato i tortellini? non – mai
d. Che cosa hai dimenticato? non – niente
e. Chi viene al cinema con noi stasera? non – nessuno
f. Avete già visto i musei vaticani? non – mai
g. Sei già stato in Italia?. non – mai

Übungen

4 Setzen Sie folgende Sätze in die Vergangenheit:

a. Andiamo in una libreria.
b. Vediamo una guida interessante.
c. Decidiamo di comprare la guida.
d. Rimaniamo qualche giorno a Otranto.
e. Mangiamo spesso al ristorante da Pippo.
f. Mi piacciono molto le verdure.
g. Mario e Luisa sono al mare.

5 Übersetzen Sie ins Italienische:

Frau Winkler spricht mit Frau Benedetti. Sie ist jetzt in Rom mit der Familie. Sie sind gestern Abend angekommen. Sie haben die Stadt nicht besichtigt, weil sie spät angekommen sind. Heute haben sie beschlossen, die Musei Vaticani zu besichtigen. Wie es oft passiert, sind die Museen am Nachmittag geschlossen, so sind sie in eine Buchhandlung in der Nähe gegangen, wo sie einen interessanten Führer gefunden haben. Dann sind sie in ein Café gegangen und haben den Führer gelesen. Morgen wollen sie das Museum besichtigen.

Il bersaglio *Die Zielscheibe*

Versuchen Sie, die Wörter in der Zielscheibe fortlaufend in eine Beziehung zueinander zu bringen (wie z. B. Meer-Welle-Wind-Himmel-Wolke-Sonne-Regen usw.). So entsteht eine Wörterschlange, die bei **ristorante** beginnt und mit dem Zielwort **tornare** endet. Unseren Lösungsvorschlag finden Sie im Anhang.

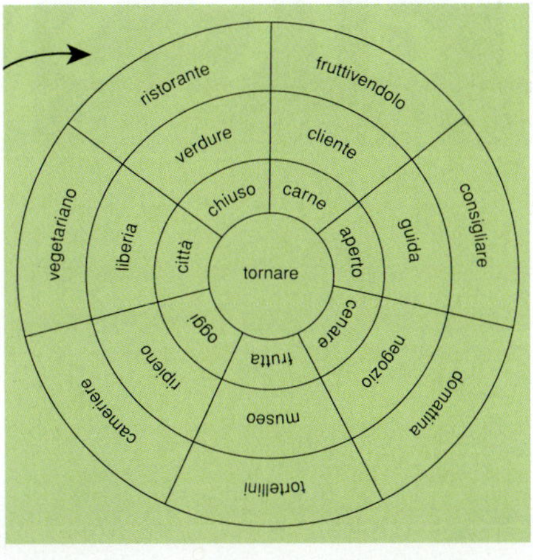

Lektion 13

Fare spese

Ein Bummel durch die Einkaufstraßen in Italien lohnt sich immer! Schöne Geschäfte mit kunstvoll dekorierten Auslagen und eleganten Schaufenstern verführen allerdings dazu, von allem etwas haben zu wollen. Falls Sie dem Kaufrausch erliegen, vergessen Sie nicht, dass die italienischen Konfektionsgrößen nicht mit den deutschen übereinstimmen! Frau Winkler, die in Deutschland Größe 38 trägt, muss nämlich Größe 42 verlangen. Wenn Sie Ihre Italienischkenntnisse beim Kauf von Schuhen ausprobieren, haben Sie dieses Problem nicht: il **numero** *die Schuhgröße* entspricht der deutschen Größe. Wie immer beim Einkaufen, dürfen Sie **lo scontrino** *den Kassenbon* nicht vergessen, um Ihren Kauf bei einer eventuellen Finanzkontrolle rechtfertigen zu können.

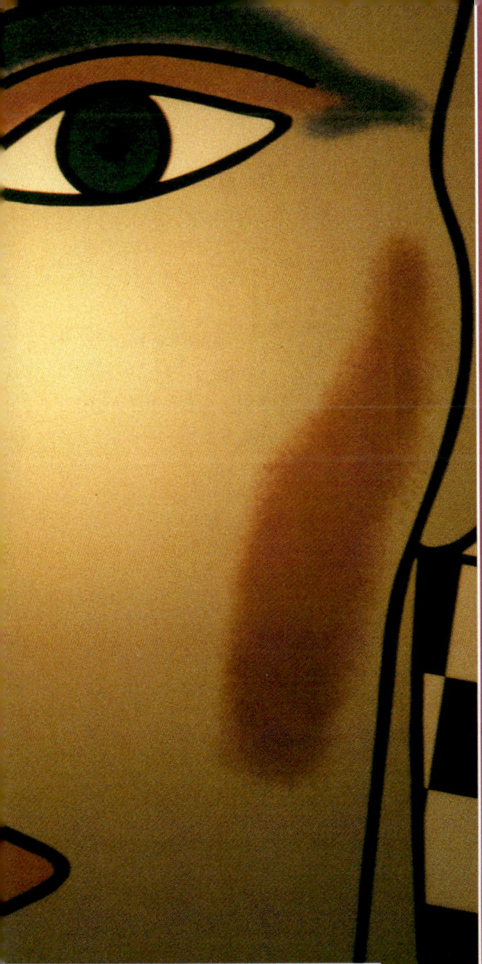

Fare spese

Signora Winkler: Vorrei un paio di pantaloni blu di lino.

Commessa: Ha già visto qualcosa in vetrina che Le piace?

Signora Winkler: Sì, ne ho visto un paio … Lì a sinistra, vicino a quella camicia rosa. Ecco, quelli lì.

Commessa: Vuole provarli? Che taglia porta?

Signora Winkler: La 42.

Commessa: Eccoli … Come Le vanno?

Signora Winkler: Sono un po' stretti. Mi porti la 44, per favore.

Commessa: Purtroppo non li abbiamo in questo colore. Ci sono solo neri o bianchi. In blu abbiamo quest'altro modello. Perché non lo prova?

Signora Winkler: Va bene … Oh, questi sono proprio comodi. Quanto costano?

Commessa: 75 euro.

Signora Winkler: Be', sono un po' cari, ma li prendo lo stesso. Posso pagare con una carta di credito?

Commessa: Certo … Firmi qui. Grazie, arrivederci.

Neue Wörter und Ausdrücke

lo scontrino	der Kassenbon
fare spese	Einkäufe machen
un paio di	ein Paar
i pantaloni *(Pl)*	die Hose
blu	blau
di lino	aus Leinen
qualcosa	etwas
in vetrina	im Schaufenster
ne	(von denen), davon
a sinistra	links
vicino a	*hier:* neben
la camicia	das Hemd, die Bluse
rosa	rosa
quelli lì	die da
vuole provarli?	möchten Sie sie anprobieren?
provare	probieren
che taglia porta?	welche Größe tragen Sie?
portare	tragen
eccoli	hier sind sie
come Le vanno?	wie passen/stehen sie Ihnen?
stretto, -a	eng
mi porti	bringen Sie mir
purtroppo	leider
non li abbiamo	wir haben sie nicht
il colore	die Farbe
nero, -a	schwarz
bianco, -a	weiß
altro, -a	andere, -r, -s
il modello	das Modell
perché non lo prova?	warum probieren Sie es nicht?
va bene	(geht) in Ordnung
comodo, -a	bequem
quanto costano?	wie viel kosten sie?
caro, -a	teuer
li prendo	ich nehme sie
lo stesso	trotzdem
la carta di credito	die Kreditkarte
firmi qui	unterschreiben Sie hier
comprare	kaufen

Erklärungen

1 Beachten Sie:

I pantaloni sono un po' cari, ma **li** prendo lo stesso.
Die Hose ist etwas teuer, aber ich nehme sie trotzdem.

Hier steht **li** für **i pantaloni,** also für *sie (Plural).*

Abbiamo questo altro modello.
Wir haben dieses andere Modell.
Perché non lo prova?
Warum probieren Sie es nicht an?

Hier steht **lo** für **il modello,** also für *es/ihn.* Sie kennen **lo** in dieser Verwendung schon aus Lektion 6:
Non lo sa? *Wissen Sie es nicht?*

Den deutschen **Pronomen im Akkusativ** *(Wen-Fall)*:

mich	*dich*	*ihn/es*	*sie/Sie*
uns	*euch*	*sie*	

entsprechen im Italienischen:

mi	ti	lo	la/La
ci	vi	li *(m)* le *(f)*	

Ti vedo domani?
Sehe ich dich morgen?

Che bella camicia! **La** compro.
Was für eine schöne Bluse! Ich kaufe sie.

Prendete un caffè? – **Lo** prendiamo volentieri.
Nehmt ihr einen Kaffee? – Wir nehmen ihn gern.

Perché non assaggiate queste verdure?
Warum probiert ihr nicht dieses Gemüse?
– **Le** assaggiamo con piacere!
– *Wir probieren/kosten es gern!*

2 Die Pronomen stehen immer vor dem Verb. In Verbindungen von **volere, potere, sapere, dovere** mit der Grundform eines anderen Verbs kann das Pronomen auch an die Grundform dieses zweiten Verbs angehängt werden, wobei das auslautende **-e** der Grundform verschwindet:

Vuole provar**li**?
Wollen Sie sie (die Hose) anprobieren?

Genauso können Sie aber auch sagen:
Li vuole provare?

3 Sie haben im Text den folgenden Satz gefunden:

Ne ho visto un paio. *Ich habe ein Paar gesehen (von den Hosen).* Für eine Menge verwendet man **ne** anstelle des Substantivs, wenn dieses vorher erwähnt wurde. Dieses **ne** *davon* wird im Deutschen nicht übersetzt:

Quanti figli ha il signor Winkler?
– **Ne** ha due.
Wie viele Kinder hat Herr Winkler?
– Er hat zwei (Kinder).
Quanti biglietti compra alla stazione?
– **Ne** compra quattro.
Wie viele Fahrkarten kauft er am Bahnhof? – Er kauft vier (Fahrkarten).

Erklärungen

4 Vielleicht haben Sie bemerkt, dass einige Farbadjektive unveränderlich sind, wie z. B. **blu: un paio di pantaloni blu** *ein Paar blaue Hosen.* Ebenfalls unveränderlich sind: **rosa** *rosa,* **lilla** *lila,* **viola** *violett,* **beige** *beige.*

5 Beachten Sie:

Quanto costa?	Quanto costano?
Wie viel kostet es?	*Wie viel kosten sie?*

Je nachdem, ob das, was Sie kaufen wollen, Einzahl oder Mehrzahl ist, verwenden Sie die eine oder die andere Form dieser Frage.

Übungen

1 Was hat Frau Winkler heute gemacht? Richtig oder falsch?

a. La signora Winkler ha visto in vetrina un paio di pantaloni neri di lino.
b. Normalmente la signora Winkler porta la 42.
c. La taglia 44 c'è purtroppo solo in nero o in bianco.
d. Anche la 44 è un po' stretta.
e. Alla fine compra un paio di pantaloni bianchi.
f. I pantaloni sono troppo cari e la signora Winkler non li compra.

2 Was ist richtig? a. b. oder c.? Kreuzen Sie an:

a. Che belli i pantaloni ..... !
   a. rosi b. rosa c. rose
b. Vorrei quella camicia ..... .
   a. rossa b. rosse c. rossi
c. Posso provare anche i pantaloni ..... ?
   a. bianco b. bianchi c. bianci

3 Beantworten Sie folgende Fragen und verwenden Sie dabei die passenden Pronomen nach dem Muster:

Compra questi pantaloni?
Sì, li compro. / No, non li compro.

a. Maria, provi i pantaloni?
b. La signora compra la camicia?
c. La signora prova un altro modello?
d. La commessa prende un altro paio di pantaloni?
e. Il signor Winkler chiede il conto?
f. Il signor Lolli ordina i tortellini?
g. La signora Winkler assaggia il pecorino?
h. La signora Winkler compra la frutta?
i. La signora trova le cabine?
l. I Winkler parlano l'italiano?

Übungen

4 Beantworten Sie die Fragen mit **ne:**

a. Quanti biglietti compra il signor Winkler alla stazione? Ne ... 4
b. Quante uova compra la signora Winkler? Ne ... 10
c. Quante camere ha la villetta? Ne ... 3
d. Quante guide trova la signora Winkler in libreria? Ne ... 1
e. Quante chiese visita il signor Winkler a Santa Maria di Leuca? Ne ... 1
f. Quanti caffè beve il signor Winkler la mattina? Ne ... 1
g. Quanti bicchieri di vino beve il signor Winkler con il custode della chiesa? Ne ... 1

5 Setzen Sie die Pronomen **lo, la, La, gil, le, Le** je nach Bedeutung ein:

a. La carne non mi piace. Allora Le *(Ihnen)* consiglio un risotto.
b. Dov'è Mario? Non lo so.
c. Buongiorno. Ha visto qualcosa in vetrina che Le piace?
d. Questa camicia è proprio bella, le prendo.
e. Come Le vanno i pantaloni?
f. Maria compra una guida e la legge.
g. Signora, La vedo stasera?
h. Signore, Le offro un caffè!
i. Il museo è interessante. Lo visito.

6 Setzen Sie die Pronomen **li, le, gli** je nach Bedeutung ein:

a. I tortellini mi piacciono e li prendo.
b. Questi pantaloni sono belli. Li provo.
c. Ecco i signori Winkler: li chiamo e gli offro un liquore.
d. Le verdure sono molto buone. Perché non le assaggia?
e. Le chiese di Roma sono belle. Oggi le visito.
f. Stefano e Silvia sono qui. Li vedo stasera.
g. Daniel e Franziska mangiano molti gelati perché gli piacciono molto.

7 Hier sind 16 Wörter aus dieser Lektion versteckt. Finden Sie sie und schreiben Sie sie heraus.

Q	U	I	C	B	L	U	L	Z	P
S	S	C	O	N	T	R	I	N	O
T	T	N	M	N	O	N	N	Z	R
R	E	O	P	R	Z	Z	O	Z	T
E	S	P	R	O	V	A	R	E	A
T	S	O'	A	S	P	E	S	E	R
T	O	Z	R	A	N	E	R	O	E
O	C	R	E	D	I	T	O	Z	Z

qui, blu, scontrino,
spese, stretto, stesso,
comprare, lino, portare,
provare, credito, rosa,
nero, po', no, non

Lektion 14

Chiedere un'informazione stradale

Scusi, per favore, come arrivo a ... *Entschuldigen Sie bitte, wie komme ich zu ...*
Nur wenige Italiener sprechen fließend eine Fremdsprache. Umso mehr freuen sie sich, wenn ihnen Touristen begegnen, die sich bemühen, Italienisch zu sprechen. Sie sind Fremden gegenüber ausgesprochen hilfsbereit. Und wenn Sie mit der Sprache nicht mehr weiterkommen, versuchen Sie, sich mit Händen und Füßen zu verständigen.
Sind Sie mit dem Auto in Italien unterwegs? Dann sollten Sie daran denken, dass **l'autostrada** *die Autobahn* mautpflichtig ist. Nur ab Salerno ist sie kostenlos. Der Italienurlauber wird von der **segnaletica stradale** *Straßenbeschilderung* sicher zum Ziel geführt: Grüne Schilder kennzeichnen Autobahnen, blaue Schilder Ortschaften, braune Schilder Sehenswürdigkeiten und weiße die Hinweise innerhalb eines Ortes.

Chiedere un'informazione stradale

Signor Winkler: Senta scusi, mi può dire come arrivo al museo archeologico?

Passante: Dunque, vada sempre dritto per questa strada. Al primo semaforo giri a destra, continui fino al terzo incrocio, poi giri a sinistra. Lì c'è un parco. Lo attraversi e dall'altra parte c'è una chiesa. A destra, non lontano da lì, c'è il museo archeologico.

Signor Winkler: Scusi, è un po' difficile, può ripetere un'altra volta?

Passante: Be' senta, è un po' lontano. Prenda un tassì. Venga!
Lì c'è il posteggio dei tassì. Ah, guardi, c'è anche un mio conoscente …
Senti, Mario, accompagna questo signore al museo archeologico …

Signor Winkler: No, no, grazie, guardi, non sono a piedi, sono in macchina. È parcheggiata lì dietro l'angolo.

Passante: Ma perché non l'ha detto subito? Allora è facile. Segua l'autobus numero diciotto e alla quinta fermata arriva davanti al museo archeologico.

Neue Wörter und Ausdrücke

chiedere un'informazione stradale	nach dem Weg fragen
senta (-ire), mi può dire	hören Sie, können Sie mir sagen
archeologico	archeologisch
il passante	der Passant
dunque, vada sempre dritto	also, nun gehen Sie immer geradeaus
il semaforo	die Ampel
giri (-are)	biegen Sie ab
a destra	rechts
continui (-are)	gehen Sie weiter
fino a	bis zu
terzo, -a	dritte, -r, -s
l'incrocio	die Kreuzung
il parco	der Park
attraversi (-are)	überqueren Sie
dall'altra parte	auf der anderen Seite
lontano da	weit entfernt von
difficile	schwierig, kompliziert
ripetere	wiederholen
un'altra volta	noch einmal
prenda	nehmen Sie
lontano, -a	weit
il tassì	das Taxi
venga	kommen Sie
il posteggio dei tassì	der Taxistand
il conoscente	der Bekannte
accompagna (-are)	begleite (du)
a piedi	zu Fuß
in macchina	mit dem Auto
la macchina	das Auto
il locale	das Lokal
il posto	der Ort
parcheggiare	parken
dietro	hinter
l'angolo	die Ecke
è facile	es ist einfach
segua (-ire)	folgen Sie
quinto, -a	fünfte, -r, -s
davanti a	vor

Erklärungen

1 **Senta scusi!** Das ist die typische Einleitungsformel, wenn man nach einer Auskunft fragt oder jemanden um etwas bittet. Wörtlich bedeutet es *hören Sie, entschuldigen Sie,* entspricht aber dem deutschen: *Entschuldigen Sie bitte!*

2 In dieser Lektion machen wir Sie mit dem **Imperativ** bekannt. Er wird in den drei Verbklassen nach folgendem Schema gebildet:

	1. Verbklasse: **scus-are**		*2. Verbklasse:* **prend-ere**		*3. Verbklasse:* **sent-ire**	
(tu)	scus**a**	*entschuldige*	prend**i**	*nimm*	sent**i**	*höre*
(Lei)	scus**i**	*entschuldigen Sie*	prend**a**	*nehmen Sie*	sent**a**	*hören Sie*

Für die **noi-** und **voi**-Form gelten die entsprechenden Formen des Präsens: **Andiamo!** *Gehen wir!* **Entrate!** *Tretet ein! Kommen Sie herein!* (*vgl.* L. 2), **Venite!** *Kommen Sie!* (*vgl.* L. 1), *usw.*

3 Beachten Sie den **Imperativ** der unregelmäßigen Verben **andare** und **venire**:

	andare	*gehen*	**venire**	*kommen*
(tu)	va'	*geh*	vieni	*komm*
(Lei)	vada	*gehen Sie*	venga	*kommen Sie*

4 Sie haben in den bisherigen Lektionen diverse Ausdrücke kennen gelernt, mit denen Sie **Richtungs- und Ortsangaben** formulieren können. Hier haben wir sie noch einmal für Sie zusammengestellt:

a destra	*rechts*	davanti a	*vor*
a sinistra	*links*	di fronte a	*gegenüber*
dritto	*geradeaus*	vicino a	*in der Nähe von*
lontano da	*weit entfernt von*	vicino	*nah*
lontano	*weit*	dietro	*hinten*
davanti	*vorn*	dietro a	*hinter*

5 Und zum Schluss noch ein paar **Ordnungszahlen:**

primo, -a	*erste, -r, -s*	sesto, -a	*sechste, -r, -s*
secondo, -a	*zweite, -r, -s*	settimo, -a	siebte, *-r, -s*
terzo, -a	*dritte, -r, -s*	ottavo, -a	achte, *-r, -s*
quarto, -a	*vierte, -r, -s*	nono, -a	neunte, *-r, -s*
quinto, -a	*fünfte, -r, -s*	decimo, -a	zehnte, *-r, -s*

Übungen

Ufficio informazioni

1 Setzen Sie die fehlenden Verbi im Imperativ ein:

a. Senta, scusi ... mi può dire dov'è il museo?
b. ...Vada... sempre dritto.
c. Al semaforo ...giri... a destra.
d. ...Continui... fino al terzo incrocio.
e. ...Giri... a sinistra.
f. C'è un parco, lo ...attraversi...
g. È un po' lontano, ...prenda... un tassì.
h. Mario, ...accompagna... questo signore.
i. In macchina è facile, ...segua... l'autobus numero 18.

2 Formen Sie folgende Sätze mit dem Imperativ nach dem Muster um:

Vuole firmare qui? *Firmi qui!*

a. Vuole venire a cena con noi? Venga
b. Vuole provare i pantaloni? Provi
c. Vuole pagare con la carta di credito? Paghi
d. Vuole attraversare il parco? Attraversi
e. Vuole andare al cinema? Vada
f. Vuole prendere un tassì? Prenda
g. Vuole seguire l'autobus? Segua
h. Vuole assaggiare il pecorino? Assaggi
i. Vuole partire in treno? Parta
l. Vuole chiedere un'informazione? Chieda

3 Wiederholen Sie die Übung 2 in der Du-Form:

Vuoi firmare qui? *Firma qui!*

Vieni – Prova – Paga – Attraversa – Vai – Prendi – Segui – Assaggia – Parti – Chiedi

4 Schreiben Sie die in Klammern angegebenen Ordnungszahlen aus:

a. Questa è la (1.) ...prima... volta che veniamo a Roma.
b. È già il (5.) ...quinto... caffè che bevi oggi!
c. Il museo? È dopo il (2.) ...secondo... semaforo a destra.
d. Al (3.) ...terzo... posto è arrivato un francese.
e. La (6.) ...sesta... macchina è di Alfredo.

5 Schauen Sie sich die Zeichnung auf Seite 42 an und ergänzen Sie die Sätze mit:

davanti a (+ Artikel) – di fronte a (+ Artikel) – dietro a (+ Artikel) – a destra – a sinistra – vicino a (+ Artikel) – lontano da – dall'altra parte di (+ Artikel)

a. il gatto (*die Katze*) è ...davanti alla... macchina.
b. Il motorino è ...di fronte al... museo.
c. Il taxi è ...dietro al... motorino.
d. L'autobus gira ...a destra...
e. Il bar è ...a sinistra...
f. ...Vicino al... bar c'è un museo.
g. Il teatro è ...lontano da... qui.
h. ...Vicino al... turista ci sono due signori che parlano e ...dall'altra parte della... strada, all'angolo, c'è un fruttivendolo.

6 Suchen Sie das jeweils passende Wort für folgende Definitionen:

a. Un negozio dove si può comprare una guida. Libreria (1)
b. Un negozio dove si può comprare la frutta. Fruttivendolo (2)
c. Un negozio dove si può comprare un biglietto dell'autobus. Tabaccheria (3)
d. Un negozio dove si può comprare il formaggio. Negozio di alimentari (4)
e. A Roma c'è quello Vaticano. Museo (5)
f. Un locale (Lokal) dove si vede un film. Cinema (6)
g. Un locale dove si sente la musica e c'è molto rumore. Discoteca (7)
h. Un locale dove si mangia. Ristorante (8)
i. Un locale dove si beve un cappuccino. Bar (9)
j. È rosso, giallo e verde. Semaforo (10)
k. Il posto (Ort) dove si prende l'autobus. Fermata (11)
l. Il posto dove si prende il tassì. Posteggio dei tassì (12)
m. Il posto dove si prende il treno. Stazione (13)
n. Il signor Winkler ha visitato quella di Santa Maria di Leuca. Chiesa (14)

7 Hier sehen Sie einen Übersichtsplan vom Ferienort der Familie Winkler. Tragen Sie die nummerierten Begriffe ein, die Sie in der Übung 6 gefunden haben. Dann beschreiben Sie jemandem, der Sie danach fragt, den schnellsten Weg von 1 bis 5, von 3 bis 7, von 12 bis 4, von 13 bis 1, von 11 bis 9, von 9 bis 13, von 1 bis 6, von 10 bis 8. Unseren Lösungsvorschlag finden Sie im Anhang.

(28)

Fare una conoscenza al parco

Lektion 15

Auch in Italien hat sich die Familienstruktur in den letzten Jahrzehnten entscheidend geändert. Die typische patriarchalische Großfamilie existiert kaum noch, die meisten Familien bestehen heute aus 3 bis 4 Personen. Beide Elternteile arbeiten in der Regel, daher stützen sie sich auf die Mithilfe der Großeltern, die ihrerseits immer bereit sind, auf die Kinder aufzupassen.

Fare una conoscenza al parco

Signor Winkler: Posso sedermi?
Nonna: Prego, si accomodi!
Signor Winkler: Ma che carino questo bambino! È Suo nipote?
Nonna: Sì.
Signor Winkler: Come si chiama?
Nonna: Luca.
Signor Winkler: E quanti anni ha?
Nonna: Uno e mezzo. Parli piano, per favore. Sa, si è appena addormentato e se non si riposa, il pomeriggio diventa nervoso e insopportabile!
Signor Winkler: Ma se sembra così tranquillo!?
Nonna: Sì, quando dorme! Sa, mia figlia si alza presto la mattina per andare in negozio e lo lascia a me finché non ritorna dal lavoro.
Signor Winkler: Eh, è fortunata Sua figlia ad avere una madre come Lei … Ma per Lei non è troppo faticoso?
Nonna: Be', io non sono più così giovane e il bambino è molto vivace … Però così mi sento utile. Sa, mio marito è morto qualche anno fa, così con il bambino non mi sento sola e non ho proprio il tempo di annoiarmi. E Lei, ha figli?
Signor Winkler: Sì, ne ho due, ma sono già grandi. Mia moglie ed io ci siamo conosciuti a scuola e ci siamo sposati a vent'anni. Poi i figli sono cresciuti e così mia moglie ha deciso di lavorare a mezza giornata in un ufficio.

Neue Wörter und Ausdrücke

fare una conoscenza	jemanden kennen lernen, eine Bekanntschaft machen
posso sedermi	darf ich mich setzen
si accomodi	nehmen Sie Platz, setzen Sie sich
il bambino	das Kind
il/la nipote	das Enkelkind
come si chiama?	wie heißt er/sie/es?
uno e mezzo	eineinhalb
piano	leise
si è addormentato	er ist eingeschlafen
appena	gerade
si riposa	er ruht sich aus
diventa (-are)	er wird
nervoso, -a	nervös
insopportabile	unerträglich
sembra (-are)	(er) scheint
tranquillo, -a	ruhig
si alza	(sie) steht auf
presto	früh
la mattina	der Morgen, vormittags
lascia (-are)	(sie) lässt
a me	mir
finché	bis
dal lavoro	von der Arbeit
il lavoro	die Arbeit
la madre	die Mutter
faticoso, -a	anstrengend
più	mehr
giovane	jung
vivace	lebhaft
però	aber
mi sento	ich fühle mich
utile	nützlich
il marito	der Ehemann
è morto	(er) ist gestorben
qualche anno fa	vor einigen Jahren
ho il tempo di	ich habe die Zeit zu
annoiarsi	sich (zu) langweilen
ha figli?	haben Sie Kinder?
grande	groß
ci siamo conosciuti	wir haben uns kennen gelernt
a scuola	in der Schule
ci siamo sposati	wir haben geheiratet
a venti anni	mit zwanzig (Jahren)
sono cresciuti	sie sind herangewachsen
crescere	wachsen
a mezza giornata	halbtags
l'ufficio	das Büro

Erklärungen

1 Im Text haben Sie folgende Sätze gelesen:

Mia figlia **si alza** presto la mattina.
Meine Tochter steht morgens früh auf.

Io **mi sento** utile.
Ich fühle mich nützlich.

Si accomodi!
Setzen Sie sich! / Nehmen Sie Platz!

Es handelt sich hier um **reflexive Verben,** die an dem an die Grundform angehängten **si** *sich* zu erkennen sind:

accomodar**si**	Platz nehmen, sich setzen
riposar**si**	sich erholen, ausruhen
annoiar**si**	sich langweilen
seder**si**	sich setzen
chiamar**si**	heißen
sentir**si**	sich fühlen
conoscer**si**	sich kennen lernen
sposar**si**	heiraten

Die Reflexivpronomen **mi, ti, si, ci, vi, si** stehen im Aussagesatz immer vor dem Verb:

sentir**si** bene	*sich wohlfühlen*
mi sento bene	*ich fühle mich wohl*
ti senti bene	*du fühlst dich wohl*
si sente bene	*er/sie fühlt sich wohl*
si sente bene	*Sie fühlen sich wohl*
ci sentiamo bene	*wir fühlen uns wohl*
vi sentite bene	*ihr fühlt euch wohl / Sie fühlen sich wohl*
si sentono bene	*sie fühlen sich wohl*

2 Bei der **Verneinung** geht den obigen Formen **non** voraus, wobei das Pronomen zum Verb gehört:

Se **non** si riposa diventa nervoso.
Wenn er sich nicht ausruht, wird er nervös.

3 Die **Vergangenheit** dieser Verben wird, anders als im Deutschen, stets mit Hilfe von **essere** gebildet. Nachdem Sie die Verbklasse des gewünschten Verbs erkannt haben (z. B. **sent-ir-si = ire**), können Sie die Grundform verändern: **sentito** (*vgl.* L. 9). Die Vergangenheitsform bilden Sie dann wie folgt:

Pronomen, z. B.: **mi**

+

Hilfsverb **essere**, z. B. **sono**

+

veränderte **Grundform**, z. B. **sposato, -a**

=

mi sono sposato, -a
ich habe geheiratet

Achten Sie dabei stets auf die richtige Endung (*vgl.* L. 9):

Ci siamo conosciut**i** a scuola.
Wir haben uns in der Schule kennen gelernt.

Ci siamo sposat**i**.
Wir haben geheiratet.

La nonna si è addormentat**a**.
Die Großmutter ist eingeschlafen.

Erklärungen

4 Soll in einem Satz die Grundform dieser Verben verwendet werden, so hängen Sie das entsprechende Pronomen einfach an die Grundform an:

Non ho tempo di riposar**mi.**
Ich habe keine Zeit mich auszuruhen.

Posso seder**mi?**
Darf ich mich hinsetzen?

Abbiamo deciso di sposar**ci.**
Wir haben beschlossen zu heiraten.

5 Beachten Sie:

È Suo nipote?
Ist das Ihr Enkelkind?

È fortunata Sua figlia!
Ihre Tochter hat Glück!

Sie haben in Lektion 3 **mio, mia** *mein, -e* kennen gelernt. Auch **Suo, Sua** *Ihr, -e* richtet sich nach dem Substantiv, auf das es sich bezieht.

6 **A venti anni (a vent'anni)** *mit zwanzig* ist eine feste Redewendung. Ebenso heißt es z. B. **a trenta anni (a trent'anni), a quaranta anni (a quarant'anni)** usw.

7 **Qualche anno fa** *vor einigen Jahren.* Achten Sie darauf, dass **fa** immer nachgestellt wird!

Übungen

1 Setzen Sie die fehlenden Verben ein:

accomodarsi, annoiarsi, sedersi, riposarsi, alzarsi, addormentarsi, chiamarsi, sentirsi, sposarsi, conoscersi

a. Posso .....sedermi.....?
b. Prego, ...si accomodi.....!
c. Ma che carino questo bambino, come .....si chiama.....?
d. Parli piano, ...si è..... appena .....addormentato
e. Sa, Se non .....si riposa..... un po' diventa insopportabile.
f. Mia figlia .....si alza..... presto e lo lascia a me.
g. È faticoso, ma così .....mi..... .....sento..... utile.
h. Con il bambino non ho proprio il tempo di .....annoiarmi..... Lei ha figli?
i. Sì, ma sono già grandi. Mia moglie e io .....ci siamo conosciuti..... a scuola.
l. .....Ci siamo sposati..... molto giovani.

Nonna e nipote al parco

Übungen

2 Ergänzen Sie die Tabelle mit den richtigen Verbformen:

Grundform	Präsens	Vergangenheit
riposarsi	io mi riposa	io mi sono riposata
dormire	tu dormi	tu hai dormito
crescere	lui cresce	lui è cresciuto
annoiarsi	lei si annoia	lei si è annoiata
ripetere	Lei ripete	Lei ha ripetuto
addormentarsi	noi ci addormentamo	noi ci siamo addormentati
sedersi	voi vi sedete	voi vi siete seduti
andare	loro vanno	loro sono andati

3 Setzen Sie die richtige Form des Präsens ein:

a. Mio nipote (addormentarsi) si addormenta alle 17.00.
b. Mia figlia (alzarsi) si alza presto.
c. Noi (sedersi) ci sediamo qui.
d. Le nonne (sentirsi) si sentono utili quando hanno i nipoti.
e. Domani Mario e Luisa (sposarsi) si sposano
f. Tu e Valerio (conoscersi) vi conoscete?
g. Io (annoiarmi) mi annoio in discoteca.
h. Il nipote della signora (chiamarsi) si chiama Luca.

4 Setzen Sie die Vergangenheitsformen des Verbs **sentirsi** ein:

a. Ieri sera, noi non ci siamo sentiti bene, abbiamo mangiato troppo.
b. Come vi siete sentiti (voi)?
c. Lucia non si è sentita bene.
d. Io non mi sono sentita bene. E tu? Come ti sei sentito?
e. Io mi sono sentita benissimo!

5 Setzen Sie die folgenden Sätze in die Vergangenheit:

a. Noi ci sediamo qui. – Ci siamo seduti
b. Perché non si accomoda, Signora? – Si è accomodata
c. I turisti non si addormentano in spiaggia. – Si sono addormentati
d. Daniel non si annoia in discoteca. – Si è annoiato
e. I Winkler non si alzano presto. – Si sono alzati
f. Non vi sentite bene? – Vi siete sentiti
g. Giovanni e Luisa si sposano a Otranto. – Si sono sposati
h. Silvia e Franziska si conoscono. – Si sono conosciute

6 Setzen Sie **a, con, da, di, in, per** mit oder ohne **il, la, lo, i** oder **le** ein:

a. Mio marito è di Kassel.
b. Io sono in ufficio alle 11.
c. Mio figlio va a scuola tutti i giorni in autobus.
d. Questa è la casa del signor Lolli.
e. La nonna è nel parco con il nipote.
f. Vado in vacanza in Italia in macchina.
g. Stasera andiamo tutti da „Mario" a mangiare la pizza.
h. La figlia porta il bambino dalla nonna.

Lektion 16

Moped- und Motorradfahren gehört zu den Lieblingsbeschäftigungen der italienischen Jugend. Eine **Vespa** oder ein Moped zu besitzen, ist der Traum aller Vierzehnjährigen, weil es für sie den ersten Schritt in die Unabhängigkeit bedeutet. Aber auch für Ältere bleibt das Motorrad eine unbezwingbare Leidenschaft.

Sai guidare la moto?

Sai guidare la moto?

Stefano: Daniel, ma tu hai la moto?

Daniel: No, i miei genitori non vogliono. Dicono che è troppo pericolosa e che io sono ancora troppo giovane. Sai, è la loro mentalità!

Stefano: Davvero? Che peccato! Io mi diverto moltissimo con i miei amici a girare in moto per la città. Facciamo anche tante gite in campagna! E poi con le ragazze si fa bella figura!

Daniel: E i tuoi genitori ti hanno comprato subito la moto? Non hai dovuto discutere con loro?

Stefano: Sì, ma poi si sono convinti. Se porti il casco non c'è mica tanto pericolo!
Anzi, adesso poi gli fa comodo perché mio padre la usa quando ha fretta di andare da qualche parte.

Daniel: Invece io mi devo accontentare della mia bicicletta.
Del resto dove vivo io il tempo non è così bello come qui e piove spesso. Se non fa caldo non è divertente andare in moto!

Stefano: Be', hai ragione, ma ti do un consiglio! Perché non noleggi un motorino finché sei qui in vacanza?
Così impari a guidarlo e puoi venire con noi a fare qualche giro. Sai, in Italia la patente non è necessaria per il motorino!

Daniel: E i miei poi che cosa dicono?!

Stefano: Dai, allora sali che ti porto a fare un giro!

Neue Wörter und Ausdrücke

guidare	fahren, lenken
la moto	das Motorrad
i miei genitori	meine Eltern
pericoloso, -a	gefährlich
la loro mentalità	ihre Mentalität
mi diverto (-irsi)	ich amüsiere mich
moltissimo	sehr, unheimlich
i miei amici	meine Freunde
l'amico, -a	der Freund, die Freundin
girare in moto	mit dem Motorrad herumfahren
tanto, -a	so viel, -e
la gita	der Ausflug
in campagna	auf dem Land
la ragazza	das Mädchen
si fa bella figura	man macht einen guten Eindruck
i tuoi genitori	deine Eltern
subito	sofort
hai dovuto discutere?	hast du diskutieren müssen?
si sono convinti	sie haben sich überzeugen lassen
il casco	der Helm
il pericolo	die Gefahr
gli fa comodo	es kommt ihnen gelegen
il padre	der Vater
usare	benutzen
ha fretta di	(er) hat es eilig zu
da qualche parte	irgendwo(hin)
accontentarsi di	sich zufriedengeben mit
la bicicletta	das Fahrrad
del resto	außerdem, im Übrigen
vivo (-ere)	ich lebe
il tempo è bello	das Wetter ist schön
piove	es regnet
fa caldo	es ist warm
divertente	lustig
hai ragione	(du) hast Recht
ti do	ich gebe dir
il consiglio	der Rat
il motorino	das Moped
fare un giro	eine Runde drehen
la patente	der Führerschein
necessario, -a	notwendig
ma dai!	aber komm!
i miei	meine Eltern, meine Familie
sali! (-ire)	steig ein!/auf!
il fratello	der Bruder
la sorella	die Schwester

Erklärungen

1 **Mio** *mein*, **tuo** *dein*, **suo** *sein* usw. sind **Possessivpronomen:**

m/Sing	*f/Sing*	*m/Pl*	*f/Pl*
il mio	la mia	i miei	le mie
il tuo	la tua	i tuoi	le tue
il suo	la sua	i suoi	le sue
il Suo	la Sua	i suoi	le Sue
il nostro	la nostra	i nostri	le nostre
il vostro	la vostra	i vostri	le vostre
il loro	la loro	i loro	le loro

Beachten Sie: **loro** verändert sich nicht!

2 Im Gegensatz zum Deutschen steht beim **Possessivpronomen** im Italienischen stets der bestimmte Artikel **il, la, i** oder **le:**

Dov'è **la tua** moto?
Wo ist dein Motorrad?
Ecco **il mio** biglietto.
Hier ist meine Fahrkarte.
I miei pantaloni sono neri.
Meine Hose ist schwarz.
Le mie camicie sono rimaste a Otranto.
Meine Hemden sind in Otranto geblieben.

3 Vielleicht wundern Sie sich jetzt, da Sie auch **mio figlio, mia madre** ohne Artikel gefunden haben. Die Verwandtschaftsbezeichnungen im Singular bilden tatsächlich die einzige Ausnahme:

Singular		*Plural*	
mio figlio	*mein Sohn*	i miei figli	*meine Söhne*
mia figlia	*meine Tochter*	le mie figlie	*meine Töchter*
mio fratello	*mein Bruder*	i miei fratelli	*meine Geschwister*
mia sorella	*meine Schwester*	le mie sorelle	*meine Schwestern*
mia madre	*meine Mutter*	i miei genitori	*meine Eltern*
mio padre	*mein Vater*		
mia moglie	*meine Frau*		
mio marito	*mein Mann*		

Loro ist unveränderlich und muss daher immer mit dem bestimmten Artikel gebraucht werden:

il loro padre	*ihr (Singular) Vater*
la loro madre	*ihre (Singular) Mutter*
le loro figlie	*ihre (Plural) Töchter*

Erklärungen

4 Beachten Sie den Gebrauch von **suo** und **sua:**

Maria ha una moto;
la sua moto è rossa.
Maria hat ein Motorrad;
ihr Motorrad ist rot.
Stefano ha una moto;
la sua moto è verde.
Stefan hat ein Motorrad;
sein Motorrad ist grün.
Dov'è la **Sua moto**, Signore?
Wo ist ihr Motorrad, mein Herr?

5 Das Verb **dare** *geben* ist teilweise unregelmäßig:

do	*ich gebe*	diamo	*wir geben*
dai	*du gibst*	date	*ihr gibt*
dà	*er/sie gibt*	danno	*sie geben*

Dai! wird Ihnen in der Umgangssprache oft begegnen. Es bedeutet soviel wie *Komm, mach schnell!*

6 **Dai, sali!** *Komm, steig ein!*

Salire *einsteigen* gehört zu den Verben, die bei den **io-** und **loro**-Formen **(salgo** *ich steige ein;* **salgono** *sie steigen ein*) ein *g* einfügen, ebenso wie **rimanere** (*vgl.* L. 12):

salgo	*ich steige ein*
sali	*du steigst ein*
sale	*er/sie steigt*
saliamo	*wir steigen ein*
salite	*ihr steigt ein*
salgono	*sie steigen ein*

7 Hier noch eine Besonderheit in der **Pluralbildung:**

l'amico	*der Freund*
gli amici	*die Freunde*
l'amica	*die Freundin*
le amiche	*die Freundinnen*

8 Wenn Sie in Italien **il mio amico** oder **la mia amica** hören, so ist dies meist im Sinn von *ein Freund von mir* bzw. *eine Freundin von mir* gemeint. Ist dagegen unter jungen Leuten von **il mio ragazzo** oder **la mia ragazza** die Rede, so bedeutet dies: *mein Freund* bzw. *meine Freundin* (*vgl.* L. 3, 3).

9 Beachten Sie:

Sai guidare la moto?
Kannst du Motorrad fahren?

Sapere *wissen* hat die Bedeutung von *können,* wenn es um eine angelernte Fähigkeit geht. Darum heißt es auch:

Sai l'inglese?
Kannst du Englisch?

Übungen

1 Beantworten Sie die folgenden Fragen zum Text:

a. Perché Daniel non ha la moto?
b. Che cosa fa Stefano con i suoi amici?
c. Ha dovuto discutere con i suoi genitori?
d. Quando usa la moto il padre di Stefano?
e. Com'è il tempo dove vive Daniel?
f. Che cosa gli consiglia Stefano?
g. Che cosa fanno Stefano e Daniel?

2 Ein Mofa zu haben, ist der Traum aller Jugendlichen. Ergänzen Sie den Dialog:

a. Ti piace la .... moto? Hai anche tu una moto?
b. No, i .... genitori non vogliono. Sai, è la.............. mentalità!
c. Che peccato! Io mi diverto molto con i .... amici.
d. Io purtroppo mi devo accontentare della .... bicicletta!

3 Entscheiden Sie, ob **suo, sua, suoi, sue** oder **loro** mit oder ohne **il, la, i** oder **le** eingefügt werden muss:

a. Signora, questa è ..... macchina?
b. Come si chiama ..... figlio?
c. Daniel e Franziska sono fratelli. ..... genitori sono a Roma.
d. I signori Lolli hanno un figlio. ..... figlio si chiama Filippo.
e. Stefano ha una moto. ..... moto è parcheggiata davanti al bar.
f. Franziska ha un'amica. ..... amica è di Milano.
g. I Winkler sono in vacanza. ..... casa è vicino al mare.

4 Unten links sehen Sie die Familie Baldini:

Giovanni, Luisa, Marco, Anna, Piero, Luciana, Giorgio, Martina, Alberto, Filippo

Wer ist wie mit wem verwandt?
Giovanni è ..... di Luisa. Giovanni è ..... di Luciana. Luisa è ..... di Filippo. Alberto è ..... di Giovanni, Martina è ..... di Piero e Anna. Anna è ..... di Alberto. Luciana e Giorgio sono ..... di Filippo. Alberto è ..... di Anna e Piero. Piero è ..... di Luciana e Marco. Luciana è ..... di Giorgio. Martina è ..... di Alberto.

5 Bilden Sie den Plural nach dem Muster:

Mio figlio è a Roma.
I miei figli sono a Roma.

a. La mia macchina è rossa.
b. Tuo fratello si alza tardi.
c. La nostra casa è grande.
d. Mia sorella è in vacanza in Italia.
e. La vostra gita è stata divertente.
f. La loro bicicletta è davanti al bar.
g. Suo nipote si riposa.

Lektion 17

Una lettera

Franziska schreibt an Stefano in Rom. Wenn Sie an Freunde schreiben, können Sie auch wie Franziska mit **Caro** ..., *Lieber*... bzw. **Cara** ..., *Liebe* ..., beginnen und mit **Tanti cari saluti** *Viele liebe Grüße,* **Con affetto** *Herzlichst* aufhören. In einem formellen Schreiben verwenden Sie dagegen als Anrede **Gentile Signor** ..., bzw. **Gentile Signora** ..., *Sehr geehrter Herr* ... bzw. *Sehr geehrte Frau* ... und schließen mit **Distinti saluti** *Freundliche Grüße.*
Denken Sie daran, dass man Briefmarken in Italien nicht nur bei der Post, sondern auch im Tabakwarengeschäft kaufen kann, was recht bequem ist.

Una lettera

Roma, 25 agosto

Caro Stefano,
come stai? Sono a Roma da una settimana e trovo solo adesso un po' di tempo libero per scriverti due righe.
Roma è una città bellissima, più bella e più vivace di tutte le altre città italiane che ho visitato, ma capisco che abitare qui è certo difficile. Meglio fermarsi solo qualche giorno come turista!
Con la macchina fotografica mi sono divertita a fare tante fotografie che ti farò vedere quando ci incontreremo la prossima volta.
Hai promesso di venire a trovarmi a Kassel e spero che non ti dimenticherai.
Sarò molto contenta se verrai a trovarmi, così avrò l'occasione di farti vedere la mia città.
Mi sei molto simpatico perché sei un tipo allegro e hai un carattere aperto come me. Non mi piacciono le persone tristi e chiuse, sono proprio noiose. Fra una settimana ritorneremo a Kassel, dove comincerò a lavorare all'ufficio informazioni turistiche della città.
Sono molto emozionata, perché è la mia prima esperienza di lavoro dopo la scuola, ma sono anche felice, perché questo lavoro mi permette di stare a contatto con la gente, e anche perché guadagnerò i primi soldi.
Mi immagino già che cosa farò con il primo stipendio: cercherò un appartamento, così andrò a vivere da sola.
Alla mia età non si può più stare in famiglia, voglio essere indipendente.
Non lo pensi anche tu?
Ti scriverò il più presto possibile, ma aspetto almeno una tua cartolina.
Finisco qui, altrimenti non faccio in tempo a comprare i francobolli.

Ti saluto con affetto
Franziska

Neue Wörter und Ausdrücke

la lettera	der Brief
caro, -a	liebe(r)
con affetto	herzlichst
tanti saluti	viele Grüße
distinti saluti	freundliche Grüße
come stai? (-are)	wie geht es dir?
trovare	finden
solo	erst
il tempo libero	die Freizeit
scrivere	schreiben
due righe	ein paar Zeilen
la riga	die Zeile
bellissimo, -a	sehr schön
più bello, -a	schöner
più vivace di	lebhafter als
abitare	wohnen
difficile	schwierig
meglio	besser
fermarsi	sich aufhalten
la macchina fotografica	die Kamera
fare fotografie	fotografieren
dimenticarsi	vergessen
sarò contento, -a	ich werde froh sein
verrai a trovarmi	du wirst mich besuchen (kommen)
avrò l'occasione di	ich werde Gelegenheit haben
mi sei simpatico	du bist mir sympathisch
allegro, -a	fröhlich
il carattere	der Charakter
aperto, -a come me	offen wie ich
la persona	die Person
triste	traurig
noioso, -a	langweilig
fra una settimana	in einer Woche
ritorneremo	(wir) werden zurückkommen
comincerò (-are)	ich werde anfangen

l'ufficio informazioni turistiche	das Fremdenverkehrsbüro
emozionato, -a	aufgeregt
l'esperienza di lavoro	die Arbeitserfahrung
felice	glücklich
mi permette di stare a contatto con	(es) erlaubt mir in Kontakt zu bleiben mit
la gente	die Leute
guadagnerò (-are)	ich werde verdienen
i soldi	das Geld
mi immagino (-are)	ich stelle mir vor
farò	ich werde tun
lo stipendio	das Gehalt
cercherò (-are)	ich werde suchen
l'appartamento	die Wohnung
andrò	ich werde gehen
alla mia età	in meinem Alter
indipendente	unabhängig
pensare	denken
un mese	ein Monat
scriverò	ich werde schreiben
il più presto possibile	so schnell wie möglich
aspettare	warten
almeno	wenigstens, mindestens
la cartolina	die Postkarte
fare in tempo a	es rechtzeitig schaffen, zu
il francobollo	die Briefmarke
salutare	grüßen
la scarpa	der Schuh

Erklärungen

1 Beachten Sie:

Come stai? *Wie geht es dir?*

Stai ist eine Form des Verbs **stare** *sich befinden, bleiben,* das im Präsens an **dare** *geben* erinnert (*vgl.* L. 16): **sto, stai, sta, stiamo, state, stanno.** *Wie geht es Ihnen?* **Come sta?** Im Plural: **Come state?**

2 **Come me** *wie ich.* In Verbindungen wie z. B. mit **come** heißt *ich* nicht **io,** sondern **me;** ebenso nach **a, con, da, di, per:**

Per **me** Roma è bellissima.
Für mich ist Rom sehr schön.
Vieni con **me** al cinema?
Kommst du mit mir ins Kino?

Entsprechend wird **tu** zu **te:**

Vengo da te alle 17.
Ich komme zu dir um 17 Uhr.

Alle übrigen Personen bleiben unverändert:

Ecco la camera per voi.
Hier ist das Zimmer für euch/Sie.
Ecco la chiave per Lei.
Hier ist der Schlüssel für Sie.

3 **Roma è bellissima.** *Rom ist sehr schön.* Sie können in diesem Fall sowohl **molto bello, -a** als auch **bellissimo, -a** sagen. Die Endung **-issimo, -a** lässt sich an alle Adjektive anhängen, wobei deren letzter Buchstabe wegfällt:

felice *glücklich*
molto felice = felic**issimo** *sehr glücklich*

simpatico *sympathisch*
molto simpatico = simpatic**issimo** *sehr sympathisch*

4 **più bella e più vivace di tutte le città che …**
schöner und lebhafter als alle Städte, die …

Mit Hilfe von **più** *mehr* lassen sich alle Adjektive steigern, z B.:

più facile	einfacher
più bello, -a	schöner
più difficile	schwieriger
più simpatico, -a	sympathischer

5 Dem Deutschen *als* bei **Vergleichen** entspricht in den meisten Fällen **di:**

Roma è più bella **di** Otranto.
Rom ist schöner als Otranto.
Tu sei più giovane **di** me.
Du bist jünger als ich.

6 Zur Wiedergabe von Ausdrücken wie *in einer Woche, in einem Monat,* die einen zeitlichen Ablauf wiedergeben, verwendet man **fra:**

fra una settimana	*in einer Woche*
fra un mese	*in einem Monat*

7 **Fra una settimana ritornerò a Kassel.**
In einer Woche werde ich nach Kassel zurückkehren.

Die Zukunftsformen werden im Italienischen viel häufiger gebraucht als im Deutschen. Sie werden aus der Grundform gebildet, wobei die **-are**-Verben sich wie die **-ere**-Verben verhalten:

1. Verbklasse **torn-are** *zurückkehren*	*2. Verbklasse* **scriv-ere** *schreiben*	*3. Verbklasse* **fin-ire** *beenden*
torner-**ò**	scriver-**ò**	finir-**ò**
torner-**ai**	scriver-**ai**	finir-**ai**
torner-**à**	scriver-**à**	finir-**à**
torner-**emo**	scriver-**emo**	finir-**emo**
torner-**ete**	scriver-**ete**	finir-**ete**
torner-**anno**	scriver-**anno**	finir-**anno**

Verben mit unregelmäßigen Zukunftsformen sind:

avere *haben*		**essere** *sein*		**andare** *gehen*	
avrò	avremo	sarò	saremo	andrò	andremo
avrai	avrete	sarai	sarete	andrai	andrete
avrà	avranno	sarà	saranno	andrà	andranno

fare *tun, machen*	**venire** *kommen*
farò	verrò
farai	verrai
farà	verrà
faremo	verremo
farete	verrete
faranno	verranno

Bei Verben wie **dimenticare** *vergessen*, **cercare** *suchen* wird vor der Endung ein *h* eingefügt: dimentic**h**erò, dimentic**h**erai usw., cerc**h**erò, cerc**h**erai usw. Verben wie **cominciare, mangiare** verlieren dagegen das *i* vor der Endung: comin**c**erò, comin**c**erai usw., man**g**erò, man**g**erai usw.

Museo Capitolino

1 Stefano schreibt an Franziska einen Brief. Hören Sie zu und ergänzen Sie den Brief:

..... Franziska,
..................? Grazie per la tua bella lettera da Roma. Anch'io .... a Roma qualche anno fa. È vero che è .... una bella città! Qui fa ancora .... così posso fare tante gite al mare con .... amici. Ieri .... a S. Maria di Leuca a mangiare un gelato e dopo siamo andati in discoteca .... Ho .... tante ragazze, ma tu sei la .... simpatica di tutte. Siccome non lavoro ancora, vorrei .... a Kassel. Hai .... tempo libero tra due settimane?

Con affetto
Stefano

2 Formen Sie folgende Sätze nach dem Muster um:

Roma è bella. *Roma è bellissima.*

a. L'italiano è facile.
b. I ragazzi sono simpatici.
c. Siamo felici di vedervi.
d. Tu sei giovane.
e. Il mio appartamento è grande.
f. Fa caldo.
g. Le scarpe (Schuhe) sono care.
h. La pizza è buona.

3 Vervollständigen Sie folgende Sätze mit der richtigen Zukunftsform:

a. Fra una settimana (noi-ritornare) in Germania.
b. Quando mi (tu-scrivere)?
c. Dove (voi-abitare) a Otranto?
d. Quando (tu-partire) per Kassel?
e. (io-guadagnare) molti soldi.
f. Silvia e Stefano (prendere) il treno per Kassel.
g. Franziska (lavorare) all'ufficio informazioni di Kassel.
h. (noi-mettere) la moto davanti al bar.
i. (io) non ti (capire) mai!

4 Setzen Sie folgende Sätze in die Zukunft:

a. Comincio un nuovo lavoro.
b. Non dimentichiamo gli amici.
c. Vado in vacanza in Germania.
d. Loro vengono a trovarci.
e. Sono contenta di vederti!
f. Faccio molte fotografie a Roma.
g. Vengo da te alle 17.

5 Setzen Sie die fehlenden Pronomen ein:

a. Vado al cinema, vieni con .....?
b. Venite, ecco la camera per .....?
c. Venite a cena da ..... ! Mia moglie e io vi aspettiamo.
d. Per ..... hai ragione tu.
e. Hai un carattere aperto come .....
f. Vai in discoteca? Posso venire con .....?
g. I ragazzi vanno al ristorante e io vado con .....

Lektion 18

All'hotel

In Italien können Sie bei einer Zimmerreservierung zwischen drei Möglichkeiten wählen; **una camera singola** *ein Einzelzimmer*, **una camera doppia** *ein Zweibettzimmer* und **una camera matrimoniale** *ein Doppelzimmer mit Ehebett*. Die Familie Winkler hat im Hotel Castelli **una camera matrimoniale** und **una camera doppia** bestellt. Heute geht Herr Winkler an die Rezeption, um einiges zu klären.

All'hotel

Signor Winkler: Senta, abbia pazienza, abbiamo qualche problema in camera.
Receptionist: Mi dica.
Signor Winkler: Lo scarico della doccia è intasato e l'acqua non scorre più.
Receptionist: Non si preoccupi, Le assicuro che entro stasera sarà tutto a posto.
Signor Winkler: Come stasera?! Sia gentile, faccia venire subito un idraulico, altrimenti come ci laviamo?
Receptionist: Guardi, non insista. Farò il possibile, ma non dipende da me. Aspetti che guardo se c'è Roberto ... Robe'! ... Robe'! ... Roberto, senti per piacere, vai immediatamente nella camera 38 e controlla lo scarico della doccia.
Roberto: No, adesso assolutamente non posso. Non avere sempre tanta fretta, ho solo due mani! Devo andare in paese, però non chiamare l'idraulico, ci penso io quando ritorno.
Receptionist: Vede anche Lei, signore..., ma stia tranquillo.
Signor Winkler: Be', mi dia almeno la chiave della camera dei miei figli, così posso farmi la doccia in santa pace. Loro sono già usciti. Ma non è tutto. Faccia il piacere di dire a quelli della camera sopra la nostra di non camminare con gli zoccoli, specialmente di notte.
Fanno un rumore incredibile, non si riesce a chiudere occhio!
Receptionist: Certamente, signore. Riferirò.

Neue Wörter und Ausdrücke

la camera singola	das Einbettzimmer
la camera doppia	das Zweibettzimmer
la (camera) matrimoniale	das Doppelzimmer (mit französ. Bett)
abbia pazienza	haben Sie Geduld
il problema (*Plural:* -i)	das Problem
mi dica	sagen Sie mir / ich höre zu
lo scarico	der Abfluss
la doccia	die Dusche
intasato, -a	verstopft
non scorre più	fließt nicht mehr ab
non si preoccupi (-arsi)	machen Sie sich keine Sorgen
Le assicuro (-are)	ich versichere Ihnen
entro	innerhalb, bis
sia gentile	seien Sie so nett
faccia venire	lassen Sie kommen
un idraulico	ein Klempner
ci laviamo (-arsi)	wir waschen uns
guardi	schauen Sie
non insista (-ere)	bestehen Sie nicht darauf
non dipende da me	es hängt nicht von mir ab
dipendere da	abhängen von
farò	ich werde tun
immediatamente	sofort
controlla (-are)	schau nach
assolutamente	überhaupt, absolut

sempre	immer
le mani (*Singular:* la mano)	die Hände
il paese	das Dorf
non chiamare	rufe nicht an
ci penso io (-are)	ich denke daran = ich erledige es
stia tranquillo	seien Sie unbesorgt
be' (bene)	gut
la chiave	der Schlüssel
in santa pace	in (heiligem) Frieden
sono già usciti (-ire)	(sie) sind schon ausgegangen
faccia il piacere di	tun Sie mir den Gefallen, zu
sopra	über, oberhalb
camminare	laufen
gli zoccoli	die Holzschuhe
specialmente	besonders
di notte	nachts
incredibile	unglaublich
si riesce a	es gelingt einem zu, man kann
chiudere	schließen
l'occhio	das Auge
certamente	sicher
riferirò (-ire)	ich werde es weitersagen
il programma	das Programm
il telegramma	das Telegramm

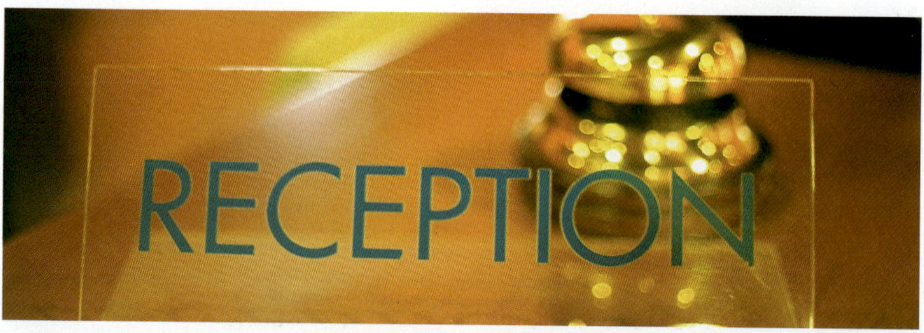

Erklärungen

1 Nicht alles in einer Sprache ist logisch! Verlieren Sie daher nicht die Geduld, wenn Ihnen folgende Substantive begegnen:

il problema endet auf **-a,** ist aber maskulin. Im Plural verhält es sich wie alle anderen männlichen Substantive und endet auf **-i: i problemi.** Genauso auch **il telegramma, i telegrammi** *das Telegramm,* **il programma, i programmi** *das Programm.* Dagegen ist **la mano** *die Hand* feminin, und der Plural lautet: **le mani.**

2 Das Verb **fare** in Verbindung mit der Grundform eines anderen Verbs entspricht dem deutschen *lassen:*
Faccia venire l'idraulico!
Lassen Sie den Klempner kommen!
Fa' riparare la doccia!
Lass die Dusche reparieren!

3 **Faccia** *machen, tun Sie!* **Fa'** *mach, tu!* sind unregelmäßige **Imperativsformen** des Verbs **fare.** Im Text haben Sie noch weitere unregelmäßige Imperativsformen kennen gelernt:

abbia	*haben Sie!*	abbi	*hab!*
dia	*geben Sie!*	da'	*gib!*
dica	*sagen Sie!*	di'	*sag!*
sia	*seien Sie!*	sii	*sei!*
stia	*bleiben Sie!*	sta'	*bleib!*

4 Beachten Sie:

Non insista!
Bestehen Sie nicht darauf!
Non si preoccupi!
Machen Sie sich keine Sorgen!
Die **Verneinung des Imperativs** erfolgt wie üblich durch **non** vor dem Verb. Eine Besonderheit liegt in der Du-Form: sie wird mit **non** + Grundform gebildet.
Non avere sempre fretta!
Hab es nicht immer so eilig!
Non chiamare l'idraulico!
Ruf den Klempner nicht an!

5 Dabei können Sie sich gleich noch merken, dass **chiamare** *rufen* auch die Bedeutung von *anrufen* **telefonare** hat:
Ti chiamo domani.
Ich rufe dich morgen an.
oder: Ti telefono domani.

6 **Ci penso io,** wörtlich: *ich denke daran,* wird häufig als feste Redewendung im Sinn von: *ich mache es, ich kümmere mich darum, das erledige ich* verwendet.

7 **Sono già usciti** *Sie sind schon ausgegangen.* Das Verb **uscire** *ausgehen* ist im Präsens unregelmäßig:

esco	*ich gehe aus*
esci	*du gehst aus*
esce	*er/sie geht aus*
usciamo	*wir gehen aus*
uscite	*ihr geht aus*
escono	*sie gehen aus*

8 **Di notte** *nachts.* Entsprechend heißt **di giorno** *tagsüber,* **di mattina** *morgens,* **di sera** *abends.*

Übungen

1 Schauen Sie sich die Zeichnungen an und ergänzen Sie die Sätze mit den Imperativformen (*vgl.* L. 14) der Verben: **dare, dire, andare, venire:**

a. .... qui!

b. Gli .... di venire subito!

c. ...... subito a dormire!

d. .... subito qui!

2 Setzen Sie die fehlenden Verben in den Dialog ein:

a. Senta, ... pazienza! Ho un problema!
b. Mi ....
c. Lo scarico della doccia è intasato. .... gentile, ... venire subito un idraulico!
d. Non ...., Le assicuro che stasera sarà tutto a posto.
e. Come stasera? Lo .... venire subito, per favore!
f. No, non posso, non .... tanta fretta!
g. Allora mi .... la chiave della camera dei miei figli, così almeno posso farmi la doccia.
h. Mi .... il piacere di dire a quelli della camera sopra la nostra di non camminare con gli zoccoli!
i. Certamente signore, ... tranquillo!

3 Bilden Sie die Imperativformen nach dem Muster:

Può chiamare l'idraulico?
Chiami l'idraulico!

a. Può venire subito?
b. Può dare la chiave 40 al sig. Rossi?
c. Può fare una telefonata per me?
d. Può avere ancora un po' di pazienza?
e. Può essere così gentile?
f. Può andare a comprare il giornale?
g. Può stare qui un momento?
h. Può dire a Roberto di riparare la doccia?
i. Può controllare lo scarico?
j. Può mettere la macchina in garage?

4 Wiederholen Sie die Übung 3 und verneinen Sie die Antwort nach dem Muster:

Può chiamare l'idraulico?
Non chiami l'idraulico!

Übungen

5 Bilden Sie die Imperativformen nach dem Muster:

Puoi chiamare Mario?
Chiama Mario!

a. Puoi dire al sig. Winkler di venire subito? Di'
b. Puoi fare un giro in paese? Fa'
c. Puoi stare tranquillo due minuti? Sta'
d. Puoi fare la doccia? Fa'
e. Puoi andare al cinema stasera? Va'
f. Puoi avere pazienza un momento? Abbi
g. Puoi chiudere la finestra? Chiudi
h. Puoi venire subito qui? Vieni
i. Puoi dare a mio figlio il tuo indirizzo? Da'
j. Puoi essere più gentile con i bambini? Sii
k. Puoi comprare il biglietto per me? Compra

6 Wiederholen Sie die Übung 5 und verneinen Sie die Antworten nach dem Muster:

Puoi chiamare Mario?
Non chiamare Mario!

7 Finden Sie die richtige Bezeichnung für folgende Definitionen. Beispiel:

Una persona che ripara la doccia =
l'idraulico

a. Una persona che lavora in un ristorante = ...il cameriere
b. Ne abbiamo due per scrivere = ...le mani
c. Ne abbiamo due per vedere = ...gli occhi
d. Si scrive agli amici per salutarli quando si è in vacanza = ...la cartolina
e. Lo guadagna chi lavora = ...i soldi / lo stipendio
f. Si mette sulla lettera = ...il francobollo
g. Si mette per andare in moto = ...il casco
h. È necessaria per aprire la camera dell'albergo = ...la chiave

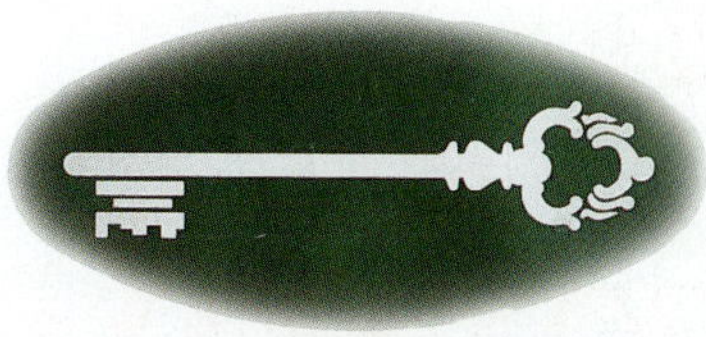

8 Auf dem Anrufbeantworter der **Pensione Miramare** sind einige Nachrichten. Hören Sie sie an und ergänzen Sie sie:

a. Buonasera, sono Roberta Garbarino, Ho dimenticato un paio di pantaloni nella camera 22. Mi fa ..... il piacere di darli al signor Rossi, della camera 9. Grazie!
b. Buongiorno, vorrei una camera matrimoniale per la prossima settimana, se è possibile mi chiami al 3470931. Grazie.
c. Ciao Marina, sono la mamma. Non sei mai alla reception! Dove sei? Chiama un po'!
d. Buongiorno, sono De Rosa; Mi sono dimenticato di dare la chiave della nostra camera alla signora della reception; abbia pazienza, la spedisco al più presto!

Lektion 19

Un invito

Eine Einladung zum Essen gehört nicht nur in Italien zu den Dingen, die das Leben verschönern. Es ist eine angenehme Gelegenheit des Zusammenseins. Der Gast freut sich, neue Gerichte kennen zu lernen, und dem Gastgeber macht es Spaß, seine Kochkunst unter Beweis zu stellen. Es ist üblich, bei einer Einladung einen guten Wein oder Süßigkeiten mitzubringen. Der Empfang ist sehr herzlich, und sicherlich wird die Gastgeberin Ihnen die Wohnung zeigen.

Un invito

Signor Manfredi: È stato gentile da parte Sua venire fin qui a portare questo pacchetto. Ma Lei come mai conosce il signor Becker? È un Suo collega?

Signor Winkler: No, giochiamo insieme a tennis e mi ha parlato spesso della casa che ha comprato qui. Così, quando gli ho raccontato che volevo venire in vacanza da queste parti, mi ha chiesto se per favore potevo portarLe una cosa ed io ho detto di sì.

Signor Manfredi: Si ferma ancora per qualche giorno?

Signor Winkler: Sì, sono qui con la mia famiglia. Abbiamo preso in affitto una villetta vicino al mare e rimarremo fino a domenica prossima.

Signor Manfredi: E come Vi siete trovati in Italia?

Signor Winkler: Ah, benissimo! In Italia si vive proprio bene. – Perché, Lei non la pensa come me?

Signor Manfredi: No, no! Sono d'accordo con Lei, anche se qualche volta i problemi non mancano! Senta, mia moglie ed io saremmo felici di averLa da noi a cena con la Sua famiglia. Sa, mia moglie cucina benissimo.

Signor Winkler: La ringrazio tanto dell'invito, ma non vorrei disturbare. Sa, siamo in quattro.

Signor Manfredi: Si figuri! Le andrebbe bene domani?

Signor Winkler: Sì, volentieri, ma avremmo un piccolo problema. Mia moglie è vegetariana!

Signor Manfredi: Ha fatto bene a dirlo subito, ma anche a noi piace molto la cucina macrobiotica. Allora facciamo alle 20.00 domani?

Signor Winkler: Preferirei alle 20.30.

Signor Manfredi: D'accordo, a domani!

Neue Wörter und Ausdrücke

da parte Sua	von Ihnen
fin qui	bis hierher
portare	bringen
il pacchetto	das Päckchen
conoscere	kennen
il collega	der Kollege
giocare a tennis	Tennis spielen
parlare di	sprechen über
raccontare	erzählen
volevo	ich wollte
da queste parti	in diese(r) Gegend
ha chiesto	er/sie hat gefragt
chiedere	fragen
potevo	ich konnte
una cosa	etwas (eine Sache)
ho detto	ich habe gesagt
dire di sì	Ja sagen
fermarsi	sich aufhalten
abbiamo preso	wir haben genommen
prendere in affitto	mieten
rimarremo	wir werden bleiben
domenica	Sonntag
Vi siete trovati bene?	Hatten Sie eine schöne Zeit?
Lei non La pensa come me?	Stimmen Sie mir nicht zu?
sono d'accordo	ich bin einverstanden
qualche volta	manchmal
mancare	fehlen
saremmo felici	wir würden uns freuen
cucinare	kochen
La ringrazio di	ich danke Ihnen für
vorrei	ich möchte
disturbare	stören
si figuri	keineswegs
Le andrebbe bene	würde Ihnen (gut) passen
domani	morgen
avremmo	wir hätten
la cucina macrobiotica	vegetarische Kost
facciamo alle otto?	passt es Ihnen um acht?
preferirei	ich würde vorziehen
a domani	bis morgen

Erklärungen

1 Die Wochentage lauten:

lunedì	*Montag*	venerdì	*Freitag*
martedì	*Dienstag*	sabato	*Samstag*
mercoledì	*Mittwoch*	domenica	*Sonntag*
giovedì	*Donnerstag*		

Die Angabe *am Montag, am Dienstag* usw. wird im Italienischen einfach durch **lunedì, martedì** usw. wiedergegeben:

Vengo venerdì alle cinque. *Ich komme am Freitag um fünf.*

Bis Montag! Bis Dienstag! usw. heißt dagegen: **A lunedì! A martedì!**

2 Beachten Sie:

Preferirei venire alle 20.30. *Ich würde lieber um 20.30 Uhr kommen.*

Diese Form, die dem deutschen **würde + Grundform** des Verbs entspricht (**Konditional**), verwendet man, um einen Wunsch, eine Bitte zu äußern oder um sich besonders höflich auszudrücken:

Le andrebbe di venire alle 20.00? *Würde es Ihnen passen, um 20 Uhr zu kommen?*

Aus der jeweiligen Grundfrom können Sie diese Formen folgendermaßen bilden:

1. Verbklasse **lavor-are**	*2. Verbklasse* **prend-ere**	*3. Verbklasse* **prefer-ire**
lavor-**ere-i**	prend-**ere-i**	prefer-**ire-i**
ich würde arbeiten	*ich würde nehmen*	*ich würde vorziehen*
lavor**ere-sti**	prend**ere-sti**	prefer**ire-sti**
lavor**ere-bbe**	prend**ere-bbe**	prefer**ire-bbe**
lavor**ere-mmo**	prend**ere-mmo**	prefer**ire-mmo**
lavor**ere-ste**	prend**ere-ste**	prefer**ire-ste**
lavor**ere-bbero**	prend**ere-bbero**	prefer**ire-bbero**

Ist Ihnen aufgefallen, dass es eigentlich genügt, an die Grundform die Endungen **-i, -sti,** usw. anzuhängen? Nur bei der Grundform der Verben auf **-are** ist anzumerken, dass sie sich den **-ere**-Verben anpasst (*vgl.* L. 17, 7).

Erinnern Sie sich noch an die Besonderheiten der Verben auf **-care, -gare** und auf **-ciare, -giare?** Wenn nicht, schauen Sie noch einmal in L. 17 nach, denn für den Konditional gelten dieselben Regeln:

Gioch**erei** a tennis con te, ma non ho tempo.
Ich würde mit dir Tennis spielen, aber ich habe keine Zeit.

Erklärungen

3 Saremmo felici … *Wir wären sehr glücklich (wir würden uns freuen) …*
Le andrebbe bene domani? *Würde es Ihnen morgen passen?*
Avremmo un piccolo problema. *Wir hätten ein kleines Problem.*
Non vorrei disturbare. *Ich möchte nicht stören.*
Farei un viaggio, tu verresti? *Ich möchte eine Reise machen, würdest du auch mitkommen?*

Wie Sie aus diesen Sätzen ersehen, gibt es leider eine Reihe von Verben, bei denen auch der Konditional **unregelmäßig** gebildet wird. Wir raten Ihnen, sich diese Formen gut einzuprägen, da sie häufig vorkommen.

andare	**avere**	**essere**	**volere**	**fare**	**venire**
andrei *ich würde gehen*	avrei *ich hätte*	sarei *ich wäre*	vorrei *ich möchte*	farei *ich würde tun*	verrei *ich würde kommen*
andresti	avresti	saresti	vorresti	faresti	verresti
andrebbe	avrebbe	sarebbe	vorrebbe	farebbe	verrebbe
andremmo	avremmo	saremmo	vorremmo	faremmo	verremmo
andreste	avreste	sareste	vorreste	fareste	verreste
andrebbero	avrebbero	sarebbero	vorrebbero	farebbero	verrebbero

4 Il signor Becker è un Suo **collega?** *Ist Herr Becker ein Kollege von Ihnen?*

Il collega steht für einen männlichen *Kollegen,* **la collega** für eine *Kollegin,* wie Sie dies auch von **autista, turista** aus der Lektion 6 kennen.

Übungen

1 Drücken Sie höfliche Fragen (im Konditional) aus:

a. Mamma, mi compreresti (comprare) un gelato?

b. Vorremmo (volere) ordinare!

c. Giochereste (giocare) a tennis con me e Paolo sabato?

d. Marco, mi porteresti (portare) a casa?

Übungen

2 Schauen Sie sich Ihren Freizeitkalender für die nächste Woche an und schreiben Sie im Konditional auf, was Sie gerne machen würden. Beispiel:

lunedì / andare al ristorante
Lunedì andrei al ristorante.

lunedì	**preferire andare a dormire**
martedì	**volere mangiare una pizza**
mercoledì	**giocare volentieri a tennis**
giovedì	**non lavorare tutto il giorno**
venerdì	**cucinare per gli amici**
sabato	**andare in discoteca**
domenica	**fare una gita in campagna**

3 Bilden Sie den Konditional (wenn Sie sich nicht sicher sind, üben Sie am besten vorher sämtliche Formen nach dem Schema in dieser Lektion):

a. (io-desiderare) prendere in affitto una villetta in un villaggio turistico.
b. (noi-mangiare) volentieri al ristorante.
c. (tu-giocare) a tennis con me?
d. (loro-usare) l'auto, ma non sanno guidare.
e. (Lei-cucinare) per noi?
f. (voi-aiutare) Mario a portare il pacchetto?
g. (tu-chiudere) la finestra?
h. (io-fare) la dieta, ma non ho pazienza.
i. (noi-venire) volentieri, ma Maria deve lavorare.
k. (io-essere) contento di vederti.
l. Le (piacere) rimanere ancora qualche giorno, signora?

4 Drücken Sie nach dem Muster folgende Sätze höflicher aus:

Voglio una pizza. *Vorrei una pizza.*

a. Le va bene domani sera?
b. Vieni al cinema con me?
c. Vengo da te domenica, se non ti dispiace.
d. Mi fa un piacere?
e. Vogliamo un gelato.
f. Signore, mi aiuta a salire, per favore?
g. Mi offri un caffè?
h. Mi scrivete una lettera?
i. Non voglio disturbare.

5 Stellen Sie sich vor, Sie hätten plötzlich eine Erbschaft gemacht. Was würden Sie tun? Fangen Sie mit folgenden Verben an und lassen Sie sich von Ihrer Phantasie vorantreiben:

andare, comprare, partire, arrivare, visitare, mangiare, piacere, conoscere, portare, fare…

6 Erinnern Sie sich an das „Gegenteil" der folgenden Verben? Beispiel:

cominciare – *finire*

scrivere –	chiudere – ....
comprare –	sentire – ....
mangiare –	entrare – ....
fermarsi –	divertirsi – ....
alzarsi –	partire – ....
annoiarsi –	andare – ....

Lektion 20

L'italiano e i suoi dialetti

Sie sind fast am Ende des Kurses angelangt und können sich gratulieren! Sie wurden hauptsächlich mit der gesprochenen Sprache konfrontiert, und wir sind überzeugt, dass Sie im italienischen Alltag ausgezeichnet zurechtkommen. Der folgende Text ist die gekürzte Fassung eines Zeitungsartikels. Sie lernen auch diese Textsorte kennen und erfahren dabei etwas über die Geschichte der italienischen Sprache.

L'italiano e i suoi dialetti

Gli stranieri dicono che l'italiano è una lingua bella e musicale, ma molti di loro non sanno che fino alla metà del secolo scorso l'italiano esisteva solo come lingua scritta.
La gente in realtà parlava solo il dialetto. Solo dopo l'unità d'Italia, nel 1861, c'è stata una riforma del sistema scolastico.
Tutti i bambini hanno dovuto frequentare la scuola e pian piano hanno cominciato ad imparare l'italiano.
Ma ancora dopo la seconda guerra mondiale l'80 % della popolazione usava esclusivamente il dialetto. Ancora oggi esiste una grande varietà di dialetti, così diversi da regione a regione che una persona del Piemonte, per esempio, non capisce il dialetto di Ancona, per non dire poi quello di Palermo, e viceversa.
Sicuramente in questi ultimi anni la situazione è cambiata anche grazie alla televisione, alla radio e ai giornali.
Ma il dialetto non è scomparso! In alcune zone dell'Italia si preferisce ancora il dialetto per parlare con la famiglia e con gli amici.
Mentre negli anni '60 e '70 chi parlava il dialetto era considerato come una persona di poca cultura, oggi c'è una riscoperta del dialetto come espressione di una identità culturale che non si vuole perdere.

Neue Wörter und Ausdrücke

Die Fahnenschwinger von Siena

il dialetto	der Dialekt
la lingua	die Sprache
musicale	musikalisch
la metà	die Hälfte
il secolo	das Jahrhundert
scorso	vergangene, -r, -s
esisteva (-ere)	existierte
come	als
la lingua scritta	die geschriebene Sprache
in realtà	in Wirklichkeit
parlava	sprach
l'unità	die Einigung
la riforma	die Reform
il sistema scolastico	das Schulsystem
hanno dovuto frequentare	haben besuchen müssen
pian piano	sehr langsam
la seconda guerra mondiale	der Zweite Weltkrieg
l'80 % (per cento)	80 % (Prozent)
la popolazione	die Bevölkerung
usava (-are)	benutzte
esclusivamente	ausschließlich
diverso, -a	verschieden, unterschiedlich
la regione	die Region
da regione a regione	von Region zu Region
per esempio	zum Beispiel
per non dire poi	um nicht zu erwähnen
quello	den
viceversa	umgekehrt
sicuramente	sicher
la situazione	die Situation
è cambiata	hat sich geändert
grazie a	dank
la televisione	das Fernsehen
la radio	das Radio
il giornale	die Tageszeitung
è scomparso	(es) ist verschwunden
la zona	die Gegend
mentre	während
negli anni '60 e '70	in den 60er und 70er Jahren
era considerato	wurde betrachtet
di poca cultura	wenig gebildet
la cultura	die Kultur
la riscoperta	die Wiederentdeckung
l'espressione (*f*)	der Ausdruck
l'identità	die Identität
culturale	kulturell
perdere	verlieren

San Gimignano

Erklärungen

1 **il sistema** *das System* gehört zu den männlichen Substantiven auf **-a,** welche den Plural auf **-i** bilden (*vgl.* L. 18).
la radio *das Radio* ist im Italienischen feminin; der Plural lautet: **le radio.**

2 Beachten Sie:

Nel 1861 c'è stata l'unità d'Italia.
(im Jahre) 1861 hat die Einigung Italiens stattgefunden.

Im Italienischen kann eine Jahresangabe nicht ohne **nel (= in +** Artikel) erfolgen (*vgl.* L. 10).

Dante Alighieri wird als Vater der italienischen Sprache bezeichnet. Aus seinem toskanischen Dialekt entstand die italienische Hochsprache.

3 L'italiano esisteva solo come lingua scritta.
Italienisch existierte nur als geschriebene Sprache.
La gente parlava il dialetto.
Die Leute sprachen Dialekt.

Hier lernen Sie noch eine Möglichkeit kennen, die Vergangenheit auszudrücken. Sie wird ausschließlich verwendet, um einen Zustand von einer gewissen Dauer in der Vergangenheit wiederzugeben. Die andere Vergangenheitsform, die Sie schon kennen (*vgl.* L. 9), wird dagegen verwendet, um Ereignisse bzw. neu eintretende Handlungen in der Vergangenheit zu schildern.
Die Formen der hier vorgestellten Vergangenheit, die im Italienischen **Imperfetto** (Imperfekt) heißt, lassen sich wie folgt aus der Grundform ableiten:

1. Verbklasse **parl-are**	*2. Verbklasse* **esist-ere**	*3. Verbklasse* **fin-ire**
parl-**avo**	esist-**evo**	fin-**ivo**
ich sprach	*ich existierte*	*ich beendete*
parl-**avi**	esist-**evi**	fin-**ivi**
parl-**ava**	esist-**eva**	fin-**iva**
parl-**avamo**	esist-**evamo**	fin-**ivamo**
parl-**avate**	esist-**evate**	fin-**ivate**
parl-**avano**	esist-**evano**	fin-**ivano**

Achten Sie dabei auf die Betonung, die sich bei der **noi- (parlavàmo)** und **voi-**Form **(parlavàte)** verschiebt.

Das Imperfekt von **essere** ist unregelmäßig:

ero	*ich war*	eravamo	*wir waren*
eri	*du warst*	eravate	*ihr wart*
era	*er/sie war*	erano	*sie waren*

Erklärungen

4 **Molto** *viel*, **poco** *wenig* verhalten sich wie Adjektive auf **-o, -a**:

molti italiani	*viele Italiener*
molta sete	*viel Durst*
molto appetito	*viel Appetit*
molte signore	*viele Frauen*
pochi italiani	*wenige Italiener*
poca sete	*wenig Durst*
poco appetito	*wenig Appetit*
poche signore	*wenige Frauen*

Molto in der Bedeutung von *sehr* ist unveränderlich:

L'Italia è **molto** bella.
Italien ist sehr schön.
I giornali sono **molto** interessanti.
Die Zeitungen sind sehr interessant.

Pisa

Via Cassia, Toscana

Übungen

1 Ergänzen Sie die Tabelle mit den richtigen Verbformen:

Grundform	Futur	Konditional	Imperfekt
guadagnare	io guadagnerò	io guadagnerei	io guadagnavo
chiudere	tu chiuderai	tu chiuderesti	tu chiudevi
giocare	lui giocherà	lui giocherebbe	lui giocava
raccontare	lei racconterà	lei racconterebbe	lei raccontava
capire	Lei capirà	Lei capirebbe	Lei capiva
perdere	noi perderemo	noi perderemmo	noi perdevamo
scomparire	voi scomparirete	voi scompariste	voi scomparivate
esistere	loro esisteranno	loro esisterebbero	loro esistevano

Übungen

2 Übersetzen Sie den folgenden Text ins Italienische:

Als ich jung war, hatte ich viele Freunde. Wir gingen immer zusammen ins Kino, weil wir uns sehr (dabei) amüsierten. Manchmal sahen wir zwei Filme hintereinander (**uno dopo l'altro**). Einige Jahre danach bin ich nach Rom gegangen, weil ich dort studieren wollte. Am Anfang hatte ich viele Probleme, weil ich niemanden kannte, später aber habe ich ein nettes Mädchen kennen gelernt, das auch sehr gern ins Kino ging. Nach vielen Filmen wurde sie meine Frau.

3 Testen Sie noch einmal Ihre Kenntnisse der Verbformen. In dieser Übung kommen alle Zeiten vor, die Sie kennen gelernt haben.

a. Oggi (io-andare) al cinema.
b. Domani (noi-giocare) a tennis.
c. Mia moglie e io (conoscersi) venti anni fa alla fermata dell'autobus.
d. Alla metà del secolo l'80% della popolazione (usare) il dialetto.
e. Il signor Becker mi (chiedere) una settimana fa di portarLe questo pacchetto.
f. Scusi, (io-potere) sedermi? Prego, (Lei-accomodarsi).
g. Scusi, dov'è la stazione? (Lei-andare) dritto, (girare) a destra, (continuare) cento metri e (attraversare) la piazza e lì c'è la stazione.
h. (io-volere) due etti di prosciutto.
i. Mi (piacere) le persone simpatiche come te.
l. Ieri (noi-trovare) il museo chiuso.
m. Senta, mi (fare) un piacere: (Lei-dire) ai signori di non fare rumore.
n. Ieri (io-cominciare) questo libro e oggi lo (finire) già.
o. Quando (tu-andare) in Italia? La prossima settimana?

4 Allerletzter Test: Wie steht es mit **a, con, da, di, in, per?**

a. Si ferma ancora ..... qualche giorno?
b. Fino ..... metà ..... secolo scorso la gente parlava solo il dialetto.
c. Sarei felice ..... averti ..... noi a cena.
d. Sono d'accordo ..... Lei!
e. ..... che ora parte il treno ..... Bari?
f. ..... 12.00.
g. La chiesa è vicino ..... parco.
h. L'hotel è lontano ..... stazione.
i. Mi piace stare ..... contatto ..... gente.
l. Faccio ..... tempo ..... andare ..... fruttivendolo?
m. Mi dà un etto ..... salame e un litro ..... latte?
n. Non ho mai tempo ..... parlare ..... miei amici italiani.
o. Siamo ..... quattro. C'è un tavolo libero?

Die Kathedrale von Siena

Schlüssel

Lektion 1

1 abcdefghilmnopqrstuvz

2 a) è; b) sono; c) sono; d) è; e) siamo; f) siete; g) siamo.

3 a) Buongiorno signor Verdi – Ciao Paolo; b) Arrivederci, buone vacanze – Arrivederci – Ciao Marco; c) Buonasera signora – Buonasera, benvenuti; d) Buonanotte – ciao, buonanotte.

4 a) con; b) a; c) in, per; d) di.

Parole incrociate.

Lektion 2

1 a) wie *tsch:* ciao, Gucci, Valpolicella, Botticelli; wie deutsches *k:* calamari, zucchini, ecco, Chianti, Michelangelo, maccheroni; c wird vor e und i wie *tsch* ausgesprochen; b) wie *dsch:* parmigiano, buongiorno, Baggio, Piaggio, Genova; wie deutsches *g:* Lamborghini, spaghetti, Gucci, lago di Garda; g wird vor e und i wie *dsch* ausgesprochen.

2 a) c'è, c'è; b) c'è; c) ci sono; d) c'è; e) c'è.

3 b) le camere; c) i bagni; d) i soggiorni; e) le case; f) le terrazze; g) i giorni.

4 a) questa; b) che; c) che cosa; d) ci sono; e) proprio, mi piace; f) tutto; g) tutto.

5 1. il soggiorno, 2. la camera per i ragazzi, 3. la camera da letto, 4. la cucina, 5. il bagno, 6. la terrazza.

Lektion 3

1 a) piacere; b) buongiorno; c) faccio, d) questa; e) qui, soggiorno; f) questo; g) piace, proprio; h) liquore, aranciata, acqua.

2 a) avete; b) abbiamo; c) ho; d) ho; e) ha; f) abbiamo; g) hai; h) hanno.

3 a) la; b) il; c) il; d) la; e) i; f) la; g) le; h) la; i) le; l) la.

4 una, un', un', un.

5 Maskulinum: il soggiorno, il letto, il liquore, il signore, il ragazzo, i figli, i bagni. Femininum: la cucina, la sete, le camere, le signore, le mogli, le figlie.

Parole incrociate.

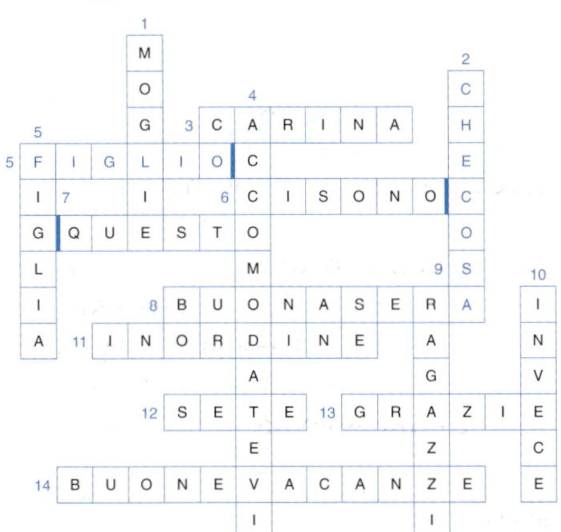

Lektion 4

1 a) die Reihenfolge ist die folgende: Scalfaro, Scorsese, Scola, Schillaci, Scuderi, Schenone, Sciarrino, Scirea, Scerni, Scevola; b) wie in *schön:* Sciarrino, Scirea, Scerni, Scevola; wie in *Skala:* Scalfaro, Scorsese, Scola, Schillaci, Scuderi, Schenone; c) sc wird vor e und vor i wie in *schön* ausgesprochen.

2 a) cabina; b) ultima, verde, rossa; c) nuova; d) ieri; e) italiana; f) di.

3 a) gli; b) l', la; c) lo; d) le, il; e) i.

4 1e, 2c, 3f, 4d, 5b, 6a

5 a) Le cabine sono rosse. b) I bagni sono piccoli. c) Le case sono carine. d) Le famiglie sono francesi. e) I bagnini sono gentili. f) Le signore sono nuove qui. g) Gli studenti sono italiani. h) Noi siamo italiani. i) Noi siamo nuove qui.

6 a) Di dove sei (tu)? – Sono di Roma. b) Di dove siete (voi)? – Siamo di Milano. c) Di dove sono i signori Winkler? – Sono di Kassel. d) Di dove è la famiglia francese? – È di Parigi. e) Di dov'è lo studente austriaco? – È di Vienna.

7 Liguria und Val d'Aosta fehlen.

Lektion 5

1 a) straniero; b) tedesco; c) gli stranieri, i pasti; d) se, stanchi; e) chi, meno; f) invece, un po' di.

2 a.) desideri; b.) desidero; c.) desideriamo; d.) desiderate (oder, sehr höflich: desiderano); e.) desidero, desidera.

3 a) ordini – ordino; b) ordinate – ordiniamo; c) ordina – ordino; d) ordina – ordina.

4 ultimo – primo; bello – brutto; ragazzo – ragazza; sinistra – destra; giorno – notte; piccolo – grande; poco – molto; carina – bruttina; signore – signora.

5 Ha sete? Che cosa desidera? Sono il signor Winkler di Kassel. Molto piacere. È qui con la famiglia? Sì, questa è mia moglie Ursula, e questo è mio figlio Daniel. Di dov'è Lei? Sono tedesco. È qui per la prima volta? A Otranto sì, in Italia no. Dov'è la cabina? Lì a sinistra. Grazie, molto gentile.

Alfabeto matto. Waagerecht: io, bibite, desidera, stanco, tedesco, capisco, colazione, invece, spiaggia, più, lungo, straniero, pasti. Senkrecht: chi, meno, straniero, sete, ospite, cabina, mio.

Lektion 6

1 a) biglietto, centro; b) compra, lo; c) alla fermata; d) tabaccheria, capolinea; e) adesso; f) forse, vende; g) scusi, da; h) senza; i) fortunato; l) quant'è.

2 a) Dove si compra il biglietto? b) Dove si vende il biglietto? c) Dove si parla l'italiano? d) Dove si compra l'aranciata? e) Dove si prende il cappuccino? f) Dove si ordina l'acqua minerale?

2 a–b) In tabaccheria o al capolinea; c) In Italia; d–f) Al bar.

4 a) prendiamo, prendi; b) accetti, c) parla, d) prendete, e) si vendono, vende; f) comprano.

5 b) il biglietto, c) tabaccheria, d) fermata, e) colazione, f) il capolinea, g) stanchi, h) uno straniero, i) un turista, l) l'autista, m) il bagnino, n) il barista, o) con poca acqua.

6 a) per favore; b) prego; c) prego; d) per favore

Lektion 7

1 c, b, d, a.

2 a) andiamo b) andare c) andiamo d) vado e) vanno f) vanno

3 a) da; b) in; c) al; d) a; e) in, in; f) a; g) al, a; h) in, alla; i) a; l) al.

4 a) va; b) ordiniamo, siamo; c) desidera, prende; d) prendono; e) accetta; f) vende; g) preferisco; h) abbiamo; i) dormite; l) parlano.

5 a) preferisco; b) sente; c) sentiamo; d) dorme; e) digerisco; f) preferite; g) capisco.

6 Daniel e Franziska non vanno al cinema. Preferiscono andare in discoteca. Silvia è stanca morta e va a dormire. Franziska ha voglia di un gelato. Daniel compra un biglietto in autobus, perché è senza. Il signor Winkler accetta l'invito. Va con la famiglia a casa Lolli. Quest'anno, gli ospiti alla spiaggia sono internazionali. C'è una famiglia francese di Parigi e uno studente austriaco di Vienna.

Parole incrociate.

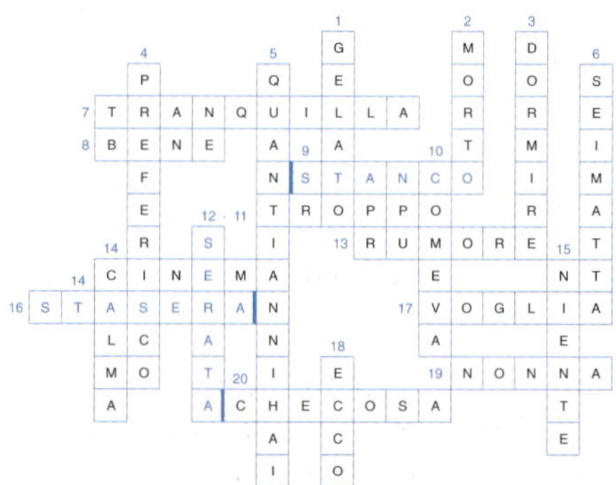

Lektion 8

1. In der Tabelle fehlt die Nummer 19.

2. a) voglio, b) vuole, c) vuole, d) vogliamo, e) vuole, f) volete.

3. ventuno, cinquantaquattro, tredici, diciassette, ventotto, ottantacinque, diciotto, quarantacinque, sessantasette, settantasei, novantatré, sedici, diciannove.

4. Sono le nove. È l'una e un quarto, è mezzanotte meno un quarto (sono le ventitré e quarantacinque), sono le quattro (le sedici) e trentasette, sono le sei (le diciotto) e venticinque, sono le undici e quaranta (è mezzogiorno meno venti).

5. a) Alle venti e trenta (alle otto e mezzo); b) alle undici meno un quarto (alle dieci e quarantacinque); c) alle sei (alle diciotto) e un quarto; d) alle otto; e) alle ventitré (alle undici); f) alle undici e trentasette.

6. a) con; b) di, di; c) in, per; d) di, per, per; e) di, di; f) a, per; g) alle; h) da, per; i) dal; l) in; m) in.

Alfabeto matto. Waagerecht: seconda, ritardo, prossimo, rapido, biglietto, normalmente; andata, vorrei, parte. Senkrecht: binario, orario, ritorno, supplemento, locale, treno, quale, a che ora, stazione.

Lektion 9

1. a) Abbiamo visitato uno chiesa. b) Sono andata a Roma. c) È stato a casa. d) Hanno bevuto due aperitivi e un po' di acqua.

2. a) hai fatto; b) sono andato: c) hai fatto; d) sono andato; e) ho incontrato, è stato; f) ho imparato, siamo andati.

3. a) Ha visitato la chiesa. b) Ha incontrato un custode. c) Ha imparato un sacco di cose. d) È andato a bere un bicchiere di vino. e) È partito già stanco. f) Ha avuto sete. g) Ha noleggiato un gommone.

4. a) Che cosa hanno visitato? Hanno visitato la chiesa. b) Chi hanno incontrato? Hanno incontrato un custode. c) Che cosa hanno imparato? Hanno imparato un sacco di cose interessanti. d) Dove sono andati con il custode? Sono andati a bere un bicchiero di vino. e) Come sono partiti? Sono partiti già stanchi. f) Perché hanno ordinato un cocktail? Hanno avuto sete. g) Che cosa hanno noleggiato? Hanno noleggiato un gommone.

5. a) sono andata; b) ho parlato, sono andata; c) ho bevuto, ho incontrato; d) siamo andate; e) ho passato.

6. a) bevo, bevi; b) fa; c) beviamo, bevete; d) fate, facciamo; e) fanno.

Lektion 10

1. a) gommone; b) orario; c) dieta; d) fruttivendolo; e) automatico; f) gentile.

2. Quando posso visitare la chiesa? – Sa che la villetta è proprio bella? – Dovete fare la dieta. – Può prendere un autobus. Dovete prendere un autobus. – Vuoi un gelato? – Vuoi visitare la chiesa?

3. a) Nel negozio di alimentari. b) Il pecorino. c) Deve prendere un po' di ricotta magra. d) Perché sua figlia fa la dieta. e) Un salame piccante. f) Crudo. g) Tre. h) No, non ha frutta. i) Deve andare dal fruttivendolo.

4. a) posso, b) devo, c) deve, d) deve, e) sa, f) sappiamo, g) possono, h) potete, i) possiamo.

5 a) di; b) di; c) nel, di, a; d) dal; e) al; f) in; g) da, a; h) di.

6 Daniel e io facciamo la spesa. Andiamo nel negozio di alimentari e compriamo il formaggio che abbiamo assaggiato. Prendiamo due etti di pecorino ed un pacco di zucchero per la colazione. Franziska fa la dieta e non deve mangiare cibi grassi. Il signor W. ha passato una bella giornata. Ha noleggiato un gommone ed è andato fino alla chiesa di Santa Maria di Leuca. Lì ha incontrato un custode gentile e insieme sono andati a bere un bicchiere di vino.

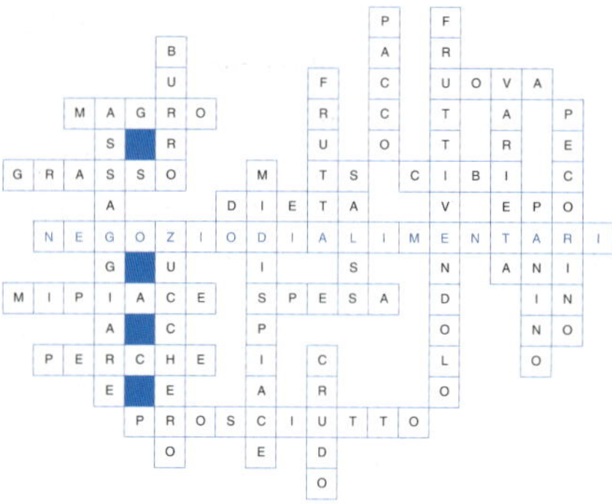

Lektion 11

1 Lebensmittel: olio, asparagi, carne, verdura; Getränke: grappa, liquore; Verben: chiedere, consigliare, offrire, sedersi.

2 d, a, c, f, e, b.

3 a) veniamo; b) dico; c) facciamo; d) andate; e) volete; f) dobbiamo; g) fate; h) posso; i) vengono; l) dice; m) viene. n) dicono; o) diciamo; p) venite

4 a) piace; b) piace; c) piacciono; d) piace; e) piacciono; f) è piaciuto; g) mi è piaciuta; h) piace.

5 a) Le; b) mi; c) gli; d) ci; e) ti; f) vi; g) gli.

6 b) No, non Le consiglio un risotto. c) No, non gli chiedo il conto. d) No, non vi consiglio i tortellini. e) No, non mi sono piaciute. f) No, non ci è piaciuto. g) No, non gli è piaciuta.

Lektion 12

1 a) Ho visitato qualche museo. b) Ho visto qualche chiesa. c.) Ho passato qualche ora in libreria. d) Abbiamo fatto qualche telefonata. e) Ho parlato con qualche ragazzo. f) In spiaggia ho visto qualche straniero. g) Al ristorante ho assaggiato qualche formaggio.

2 a.) mai; b.) niente; c.) nessuno; d.) nessuno.

3 a) Non ho visto nessuno. b) Non ho fatto niente. c) Non li ho mangiati mai. (Non li ho mai mangiati.) d) Non ho dimenticato niente. e) Non viene nessuno. f) Non abbiamo mai visto i Musei Vaticani. g) Non sono mai stato in Italia.

4 a) Siamo andati (-e) in una libreria. b) Abbiamo visto una guida interessante. c) Abbiamo deciso di comprare la guida. d) Siamo rimasti (-e) qualche giorno a Otranto. e) Abbiamo mangiato spesso al ristorante da Pippo. f) Mi sono piaciute molto le verdure. g) Mario e Luisa sono stati al mare.

5 La signora W. parla con la Sig. Benedetti. Adesso è a Roma con la famiglia. Sono arrivati ieri sera. Non hanno visitato la città, perché sono arrivati tardi. Oggi hanno deciso di visitare i Musei Vaticani. Come spesso succede i musei sono chiusi il pomeriggio, così sono andati in una libreria lì vicino dove hanno trovato una guida interessante. Poi sono andati in un caffè e hanno letto la guida. Domani vogliono visitare il museo.

Die Zielscheibe.
ristorante – cameriere – consigliare – cliente – cenare – tortellini – ripieno – carne – vegetariano verdure – frutta – fruttivendolo – negozio – libreria – guida – città – museo – chiuso – oggi – aperto – domattina – tornare.

Lektion 13

1 a) falsch; b) richtig; c) richtig d) falsch; e) falsch; f) falsch.

2 a) b. b) a. c) b.

3 a) Sì, li provo./No, non li provo. b) Sì, la compra./No, non la compra. c) Sì, lo prova / No, non lo prova. d) Sì, lo prende./No, non lo prende. e) Sì, lo chiede./No, non lo chiede. f) Sì, li ordina./No, non lo ordina. g) Sì, lo assaggia./No, non lo assaggia. h) Sì, la compra./No, non la compra. i) Sì, le trova / No, non le trova. l) Sì, lo parlano./No, non lo parlano.

4 a) Ne compra quattro. b) Ne compra dieci. c) Ne ha tre. d) Ne trova una. e) Ne visita una. f) Ne beve uno. g) Ne beve uno.

5 a) Le; b) lo; c) Le; d) la; e) Le; f) la; g) La; h) Le; i) lo.

6 a) li; b) li; c) li, gli; d) le; e) le; f) li; g) gli.

7 portare, comprare, provare, scontrino, lino, credito, rosa, stretto, blu, stesso, qui, nero, spese, po', no, non.

Lektion 14

1 a) Senta, scusi; b) vada; c) giri; d) continui; e) giri; f) attraversi; g) prenda; h) accompagni; i) segua.

2 a) venga; b) provi; c) paghi; d) attraversi; e) vada; f) prenda; g) segua; h) assaggi; i) parta; l) chieda.

3 a) vieni; b) prova; c) paga; d) attraversa; e) va; f) prendi; g) segui; h) assaggia; i) parti; l) chiedi.

4 a) prima; b) quinto; c) secondo; d) terzo; e) sesta.

5 a) davanti alla; b) di fronte al; c) dietro al; d) a destra; e) a sinistra; f) vicino al; g) lontano da; h) vicino al, dall'altra parte della.

6 a) una libreria (1); b) un fruttivendolo (2); c) una tabaccheria (3); d) un negozio di alimentari (4); e) il museo (5); f) il cinema (6); g) la discoteca (7); h) il ristorante (8); i) il bar (9); j) il semaforo (10); k) la fermata (11); l) il posteggio dei tassì (12); m) la stazione (13); n) la chiesa (14).

7 1–5 Vada sempre dritto, attraversi; di fronte al negozio di alimentari c'è il museo, proprio dall'altra parte della strada.
3–7 Qui all'angolo giri subito a destra, poi a sinistra. Vada sempre dritto, la discoteca è proprio lì di fronte.
12–4 Al primo incrocio giri a sinistra, poi alla prima strada a destra; il negozio di alimentari è a sinistra, accanto al ristorante.
13–1 La libreria è qui dietro la chiesa. A piedi è facile: attraversi la strada, passi vicino alla chiesa e giri a destra.
11–9 Al semaforo giri a sinistra e vada sempre dritto. Il bar è a destra.
9–13 Attraversi, vada sempre dritto e alla seconda strada giri a destra.
1–6 Deve attraversare la strada e andare a destra, quindi girare a sinistra.
10–8 Qui al semaforo a sinistra, alla seconda strada a sinistra e poi ancora a sinistra.

Lektion 15

1 a) sedermi; b) si accomodi; c) si chiama; d) si è addormentato; e) si riposa; f) si alza; g) mi sento; h) annoiarmi; i) ci siamo conosciuti; l) ci siamo sposati.

2 riposarsi, mi riposo, mi sono riposato; dormire, dormi, hai dormito; crescere, cresce, è cresciuto; annoiarsi, si annoia, si è annoiata; ripetere, ripete, ha ripetuto; addormentarsi, ci addormentiamo, ci siamo addormentati; sedersi, vi sedete, vi siete seduti; andare, vanno, sono andati.

3 a) si addormenta; b) si alza; c) ci sediamo; d) si sentono; e) si sposano; f) vi conoscete; g) mi annoio; h) si chiama.

4 a) ci siamo sentiti; b) vi siete sentiti; c) si è sentita; d) mi sono sentito-a, ti sei sentito; e) mi sono sentito.

5 a) ci siamo seduti; b) non si è accomodata; c) non si sono addormentati; d) non si è annoiato; e) non si sono alzati; f) vi siete sentiti bene; g) si sono sposati; h) si sono conosciute.

6 a) di; b) in, alle; c) a, in; d) del; e) nel, con; f) in, in, in; g) da, a; h) dalla.

Lektion 16

1 a) I suoi genitori non vogliono. b) Si diverte moltissimo a girare in moto per la città. c) Sì, ma poi si sono convinti. d) La usa quando ha fretta di andare da qualche parte. e) Il tempo non è così bello e piove spesso. f) Gli consiglia di noleggiare un motorino. g) Stefano e Daniel fanno un giro con la moto di Stefano.

2 a) mia; b) miei, loro; c) miei; d) mia.

3 a) la Sua; b) suo; c) i loro; d) Il loro; e) La sua; f) la sua; g) la loro.

4 a) il marito; b) il padre; c) la nonna; d) il nipote; e) la figlia; f) la madre; g) i genitori; h) il figlio; i) il fratello; l) la moglie; m) la sorella.

5 a) Le mie macchine sono rosse. b) i tuoi fratelli si alzano tardi. c) Le nostre case sono grandi. d) Le mie sorelle sono in vacanza in Italia. e) Le vostre gite sono state divertenti. f) Le loro biciclette sono davanti al bar. g) I suoi nipoti si riposano.

Lektion 17

1 cara, come stai, sono stato, proprio, caldisssimo, i miei, siamo stati, lì vicino, conosciuto, più, venirti a trovare, un po' di.

2 a) L'italiano è facilissimo. b) I ragazzi sono simpaticissimi. c) Siamo felicissimi di vedervi. d) Sei giovanissimo, (-a). e) Il mio appartamento è grandissimo. f) Fa caldissimo. g) Le scarpe sono carissime. h) La pizza è buonissima.

3 a) ritorneremo; b) scriverai; c) abiterete; d) partirai; e) guadagnerò; f) prenderanno; g) lavorerà; h) metteremo; i) Non ti capirò mai!

4 a) comincerò; b) dimenticheremo; c) andrò; d) verranno; e) sarò; f) farò; g) verrò.

5 a) me; b) voi; c) noi; d) me; e) me; f) te; g) loro.

Lektion 18

1 a) dia ; b) dica; c) vai; d) vieni.

2 a) abbia; b) dica; c) sia, faccia; d) si preoccupi; e) faccia; f) abbia; g) dia; h) faccia; i) stia.

3 a) Venga subito. b) Dia la chiave 40 al sig. Rossi. c) Faccia una telefonata per me. d) Abbia ancora un po' di pazienza.

e) Sia così gentile. f) Vada a comprare il giornale. g) Stia qui un momento. h) Dica a Roberto di riparare la doccia. i) Controlli lo scarico. j) Metta la macchina in garage.

4 a) non venga; b) non dia; c) non faccia; d) non abbia; e) non sia; f) non vada; g) non stia; h) non dica; i) non controlli; j) non metta.

5 a) dì; b) fa; c) sta; d) fa; e) va; f) abbi; g) chiudi; h) vieni; i) dà; j) sii; k) compra

6 a) non dire; b) non fare; c) non stare; d) non fare; e) non andare; f) non avere; g) non chiudere; h) non venire; i) non dare; j) non essere; k) non comprare.

7 a) il cameriere; b) le mani; c) gli occhi; d) la cartolina; e) lo stipendio/i soldi; f) il francobollo; g) il casco; h) la chiave.

8 a) ho dimenticato, mi faccia; b) camera matrimoniale, sia gentile; c) chiama; d) mi sono dimenticato, abbia pazienza.

Lektion 19

1 a) compreresti; b) vorremmo; c) giochereste; d) portereste.

2 a) Lunedì preferirei andare a dormire. b) Martedì vorrei mangiare una pizza. c) Mercoledì giocherei volentieri a tennis. d) Giovedì non lavorerei tutto il giorno. e) Venerdì cucinerei per gli amici. f) Sabato andrei in discoteca. g) Domenica farei una gita in campagna.

3 a) desidererei; b) mangeremmo; c) giocheresti; d) userebbero; e) cucinerebbe; f) aiutereste; g) chiuderesti; h) farei; i) verremmo; k) sarei; l) piacerebbe.

4 a) Le andrebbe bene; b) verresti; c) verrei; d) faresti; e) vorremmo; f) aiuterebbe; g) offriresti; h) scrivereste; i) non vorrei.

5 andrei ..., comprerei ..., partirei ..., arriverei ..., visiterei ..., mangerei ..., mi piacerebbe ..., conoscerei ..., porterei ..., farei ... usw.

6 leggere, vendere, bere, andare/continuare, sedersi/andare a dormire, divertirsi, aprire, parlare, uscire, annoiarsi, arrivare, fermarsi.

Lektion 20

1 guadagnare, guadagnerò, guadagnerei, guadagnavo; chiudere, chiuderai, chiuderesti, chiudevi; giocare, giocherà, giocherebbe, giocava; raccontare, racconterà, racconterebbe, raccontava; capire, capirà, capirebbe, capiva; perdere, perderemo, perderemmo, perdevamo; scomparire, scomparirete, scompariresste, scomparivate; esistere, esisteranno, esisterebbero, esistevano.

2 Quando ero giovane, avevo molti amici. Andavamo sempre insieme al cinema, perché ci divertivamo molto. Qualche volta guardavamo due film uno dopo l'altro. Qualche anno (alcuni anni) dopo sono andato a Roma, perché volevo studiare lì. Prima avevo molti problemi, perché non conoscevo nessuno, ma poi ho conosciuto una ragazza simpatica che andava molto volentieri al cinema come me. Dopo molti film è diventata mia moglie.

3 a) vado; b) giocheremo; c) ci siamo conosciuti; d) usava; e) ha chiesto; f) posso/potrei, si accomodi; g) vada, giri, continui, attraversi; h) vorrei; i) piacciono; l) abbiamo trovato; m) faccia, dica; n) ho cominciato, ho finito; o) andrai.

4 a) per; b) alla, del; c) di, da; d) con; e) a, per; f) a mezzogiorno (alle 12.00); g) al; h) dalla; i) a, con la; l) in, a, dal; m) di, di; n) di, con; o) in.

Wortschatzregister

Die Zahlen verweisen auf die Lektionen.
Das Register gibt in jedem Fall an, in welcher Lektion ein Wort zum erstenmal vorkommt oder in welchen grammatischen Erklärungen es behandelt wird.

A

B

Wortschatzregister

Bildnachweis

Fotos: H. = Hintergrund; M. = Mitte; li. = links; re. = rechts; o. = oben; u. = unten

Abel, Brigitte: S. 25, 57 – Apa Publications: S. 3/4 (H.), 8/9 (H.), 10 (u.li.), 12 (o.), 16 (H.), 18, 20, 28/29 (H.), 32, 40/41, 46, 54, 60, 61, 64, 71 (o.), 76, 77 (o.), 80, 81, 96 (u.), 101 (u.), 102 (o.), 106 (u.), 109, 110, 120 (o.), 125 (o.li.), 126 (u.), 128 – Bavaria Bildagentur: S. 34, 73, 84 (o.), 94/95 (H.), 100 (u.), 106/107 (H.), 118/119 (H.), 121 – Brusati, Ferdinando: S. 95 (u.li.), 98, 126 (o.), 129 – Brusati, Silvana: S. 70 (li.) – Grandi, Nicoletta: S. 10/11 (o.), 23 (M.), 29 (o.), 30, 31, 36, 37, 38, 39, 41 (o.), 43, 44, 47 (o.li. und u.), 52 (o. und u.), 58/59, 63, 65 (u.li.), 72, 75, 77 (u.), 83 (u.), 88 (u.), 89 (re.), 91, 92, 94 (u.), 95 (o.re.), 100/101 (H.), 102 (u.), 103, 106 (o.), 112, 113, 114, 117, 120 (u.), 125 (o.re.), 127 – MEV: S. 55, 66, 79 – Mulzer, Sandra: S. 11 (M.), 28 (u.), 35 (o.), 47 (o.re.), 58 (u.), 65 (o.), 88/89, 90, 96 (o.) – Pleischl, Peter: S. 10 (H.), 11 (u.), 22/23, 24, 29 (u.), 35 (u.), 52/53 (H.), 59 (re. und u.), 65 (u.re.), 70/71, 82/83, 83 (o.re.), 84 (u.), 85, 104, 118 (o.), 119 (u.), 124/125 (H.) – Pressler, Heike: S. 12 (u.), 16 (li.) – Stockbyte: S. 86.